AF600009

EL SUSURRO DE LAS FLORES MARCHITAS

José Miguel Cuesta Puertes

El Susurro de las Flores Marchitas

José Miguel Cuesta Puertes

Línea Editorial Hiperbórea
Colección Autores y Novelas Esotéricas

1ª Edición en castellano, Dolmen: 2011

2ª Edición en castellano, Editorial Dagón: 2025

Impreso en España por: Editorial Dagón

https://www.editorialdagon.es

Editor, portada y maqueta de esta edición:

editor@editorialdagon.es

ISBN: 9788419540096

Depósito Legal: V-3143-2025

Impreso en España

Para Isabel

AGRADECIMIENTOS

La creación de una novela es un largo viaje. Un sendero que se recorre la mayor parte de las veces entre piedras y maleza. Pero es un camino que, al igual que en la vida misma, no realizas solo. Siempre encuentras a tu lado amigos que desean unirse y ayudarte a sortear los obstáculos. Te advierten de la presencia de una rama caída, de un profundo agujero, de un desprendimiento de rocas. Te ayudan a levantarte si desfalleces o tropiezas. Así, poco a poco, el camino llega a su fin, al mismo tiempo que el último capítulo de la novela.

Por eso debo agradecer el apoyo, los consejos, las críticas, el ánimo en los momentos difíciles, que me regalaron desinteresadamente esas personas que siempre están a mi lado.

Gracias a ti, Isa, por ser la primera lectora, la primera que me aportas tu consejo. Gracias a Mari, que sabemos que me lee con cierto temor. Gracias a Salva, que ha disfrutado con la lectura y con los personajes, riendo y sufriendo con ellos. Gracias a Charly por su sincera satisfacción que me llenó de entusiasmo. Gracias a Salva Cruañes, sé que hay algunos hechos en la novela que tal vez no hubieran sido totalmente de tu agrado. Gracias a Gemma por sus consejos y sugerencias.

Finalmente, quiero dar las gracias a David Mateo por ayudarme a recorrer ese abrupto camino, y a Juan de Dios Garduño por sus esfuerzos para que esta novela, este pequeño sueño (o pequeña pesadilla), viera la luz al final del camino.

I

PREFACIO

LA REINA BRUJA DE NUEVA ORLEANS

> Ciertos lugares hablan con su propia voz. Ciertos jardines sombríos piden a gritos un asesinato; ciertas mansiones ruinosas piden fantasmas; ciertas costas, naufragios.
>
> Robert Louis Stevenson

Existe un mundo oculto donde la oscuridad se envuelve de sombras. Un mundo desconocido y apenas sospechado, que se esconde a los ojos de los hombres tras múltiples velos de ignorancia, superstición y rechazo. A veces te aparta como si fueras algo ponzoñoso y molesto, ajeno a sus intereses, otras, te aprisiona como a un insecto en la tela de una araña. Entonces ya no puedes escapar, es demasiado tarde, la oscuridad te inyectará su veneno y, cuando tu interior no sea más que un líquido pastoso, te absorberá la médula y hasta la última gota de sangre.

Pero por mis venas corre sangre irlandesa. Es una sangre áspera, difícil de digerir.

Mi padre nació en una pequeña población llamada Bushmils, en una región casi perdida del norte de Irlanda, situada en el condado de Antrim, limitando con Down y bastante alejada de las ciudades más populosas de Bangor y Downpatrick. Era una aldea de apenas un centenar de habitantes, de casas pequeñas y calles estrechas. Los caminos se cortaban bruscamente a la vista de los inmensos acantilados, donde el viento susurraba o gritaba, según su estado de ánimo.

Cuando pudo, con apenas poco más de veinte años, emigró de aquel mundo pequeño y oscuro dejando pocos amigos, menos familiares y un par de amantes. Debe entenderse por amantes a dos jovencitas de apenas diecisiete o dieciocho años con las que no hizo sino meterse mano y poco más. Pero, sobre todo, dejó el después añorado buen whisky, que había disfrutado y compartido con pocos amigos y con su soledad. Aunque las dos últimas necesidades las volvió a encontrar de nuevo, en mayor o menor grado, más adelante. Peor bebida que la de su tierra natal, claro, y mejores mujeres que las que había dejado atrás. Eran los años cincuenta del siglo pasado, es decir, sobre 1955, cuando en Europa todavía resonaban los ecos de la Segunda Guerra Mundial y las heridas abiertas comenzaban a cicatrizar poco a poco en el desangrado viejo continente.

En vista de lo que le esperaba en su pequeño pueblo: mujeres apocadas, amigos borrachos y días anodinos, abandonó sin remordimientos aquel lugar cargado de supersticiones y hastíos. Era un mundo anclado en un tiempo remoto donde las calles, durante las noches, eran habitadas por espectros ululantes. Los campos eran recorridos, día y noche, por demonios enfurecidos en perpetua guerra contra los humanos, a los que, cuando podían, cazaban como conejos, mataban, descuartizaban, devoraban y, antes o después de estas atrocidades, violaban hasta quedar agotados y exhaustos de sus infernales fuerzas. Tal vez existieran de verdad seres malignos, y por los senderos cabalgara y acechara el Dullahan, o quizá fuese algo mucho más real: el pillaje que siempre ronda la miseria, hombres que enloquecen en la soledad de los páramos y se transforman en asesinos o violadores que, amparados por la noche, daban rienda suelta a sus más recónditos deseos; lo cierto es que allí la gente vivía en medio de un ambiente de temor insoportable, una circunstancia de la que mi padre no era ajeno.

Los recién nacidos estaban unidos a un funesto e inexorable destino y, sobre todo, llegaban a esta vida con la marca ardiente de la más absoluta resignación grabada en la piel, en el corazón y en la mente. No había ni un atisbo de esperanza, solo sobrevivir lo mejor que se pudiera, pasar cada día de forma desapercibida, trabajar en silencio de sol a sol y después, los hombres más osados, perderse en los efluvios de la taberna, y más tarde dormir con la sangre de las venas transmutada en ardiente alcohol.

Un día, mi padre se cansó de ser un infeliz resignado. Cogió todo el dinero que tenía, la ropa que llevaba puesta, unos pantalones que se anudó a la cintura y una manta gruesa para soportar las frías noches y se fue un amanecer, justo cuando el sol despuntaba entre los campos derritiendo la escarcha de la noche, como mantequilla en un horno.

Había oído hablar del puerto de Dunfanaghy, donde, por poco dinero y muchas ganas de trabajar, se podía conseguir algún puesto en los barcos que, cargados de hombres y mujeres hambrientos de vida, se lanzaban al mar enfrentándose a una peligrosa travesía en busca de una pizca de esperanza. Había escuchado en las noticias que trasmitían las emisoras locales a través de los escasos aparatos de radio, que los Estados Unidos, al otro lado del océano, acogían con los brazos abiertos a todos aquellos que llegaban con ansias de trabajar, en busca de aventuras y oportunidades. Ese país seguía siendo el Paraíso perdido, como lo había sido más de cincuenta años atrás. El sueño todavía perduraba y se extendía entre la gente, sobre todo en aquella humilde comunidad, como la luz de un faro de esperanza. En aquel lugar fijó su próxima meta.

Después de varias semanas caminando por senderos intransitables hasta para las cabras, sortear quebrados acantilados y sufrir los latigazos del frío durante noches pasadas a la intemperie y del hambre quemando sus entrañas durante días, llegó hasta el puerto. Una vez allí no le costó mucho embarcar, si bien tuvo que invertir todo el dinero que llevaba, lo cual no debió importarle mucho, pues allí donde iba ya no le serviría para nada. En aquellos tiempos los patrones tenían necesidad de manos rudas y brazos fuertes, que pudiesen soportar la dureza del viaje a través del océano, y mi padre era joven, vigoroso y con determinación. A pesar de todo, era un puerto alejado de las principales ciudades y el comercio escaseaba bastante. La gran mayoría de las embarcaciones fondeadas eran pequeños pesqueros, y la seguridad y robustez de los barcos que cruzaban al otro lado del Atlántico dejaban mucho que desear; pero el riesgo valía la pena. Al final era un negocio más, como la pesca, los bares o los prostíbulos que salpicaban el pequeño puerto. El negocio de las necesidades humanas.

No partió hasta una semana después. Mi padre, de la milenaria familia de los Kavanac, con el miedo supersticioso y ancestral corriendo por su venas, se preguntó, mientras el barco zarpaba lanzando bocanadas de humo negro y escupiendo carbonilla a los cuatro vientos, si no llevaba consigo, aferrado a su persona como un parásito, algún espíritu, algún leprechaun o un banshee aullante, que lo estaban utilizando como medio de transporte para cruzar el gran océano y extenderse por nuevas tierras y propagar allí sus terribles gemidos. Lo que no sabía entonces es que, el llamado Nuevo Mundo, tenía sus propios demonios.

El pobre hombre, tras una travesía y un largo deambular repleto de penurias, privaciones y sufrimientos, acabó, y al mismo tiempo empezó, en Nueva Orleans. Una ciudad que, en aquellos tiempos, era aún más tenebrosa que el pequeño pueblo que había abandonado. Tres o cuatro años después de su llegada, de pasar o mal pasar como podía desempeñando cualquier trabajo que le pudiera surgir, y despertar finalmente del sueño que no era tal, conoció a la que sería su esposa y mi madre. Durante un tiempo, más bien breve, fue toda su vida, la razón de su existencia.

He hablado, tal vez demasiado, de mi padre, ya que de alguna manera soy un poco como él, todos nos parecemos algo a nuestros progenitores. No se puede engañar a los genes. He de admitir que no llegué a conocerlo, por lo menos no tengo ningún recuerdo claro de él, ni siquiera he visto fotos suyas, que me hubieran permitido hacerme una idea de su rostro y de su porte. Fue mi madre quien me habló de su periplo, fue ella la que me contó todo lo que sabía de él. Creo que se sentía culpable, y tal vez con razón, de que el hombre se largara en cuanto pudo. Mi madre me dijo que nos abandonó cuando yo todavía no había cumplido los dos años. Hablo de mi padre porque llevo algo de él en mis genes, no solo en el aspecto físico, sino en mi carácter irlandés. Pero no me importa lo que le pueda haber ocurrido. Quien verdaderamente me importaba era mi madre, la que me dio y moldeó mi vida.

Por alguna razón inexplicable, quizá una especie de intuición mía, no estoy seguro del todo, pienso que el hombre no se fue así sin más. La expresión de mi madre al hablar de él, y alguna contradicción en la historia que contaba, me hace pensar esto, pero tal vez solo sea una impresión sin fundamento. Lo que es indudable es que no todos los mortales están preparados para compartir el lecho y vivir en el mismo mundo que habitaba, sufría y amaba Docelia Marie Lachaise, la reina bruja de Nueva Orleans, mi madre. Aunque he de reconocer que tampoco me importa lo más mínimo que fuera o no fuera así. Mi padre, siempre ha sido y será, solo una sombra lejana.

He heredado el apellido de mi padre, Kavanac, un apellido que se ha mantenido durante generaciones, soportando el paso del tiempo, cruzando el océano y empezando de nuevo. Mi madre decidió el nombre de pila, parece ser que a mi padre le traía sin cuidado. Así que me llamó Áureo, que significa dorado.

Casi todo lo que he aprendido, tanto lo bueno como lo malo, me lo enseñó ella; la mujer que me dio la vida y, al mismo tiempo, me la maldijo. No me refiero a lo que me ha deparado la existencia: días miserables y llenos de amargura, atrapado en recuerdos que me asaltan como pesadillas esté dormido o despierto, envuelto la mayor parte del tiempo en los vapores del whisky barato.

Como he dicho, parte de mi sangre es la de un irlandés siempre supersticioso y, habitualmente, borracho. La otra mitad, es la de una hechicera de Nueva Orleans.

Mi madre era una mujer blanca, casi albina, en una ciudad de negros. Esto es extraño por una razón muy significativa, porque a su vez, su propia madre, venía directamente del reino africano de Dahoney, el área cultural, oscura y profunda, de los pueblos Fon, Gun, Mina y Ewe, la cuna del vudú. A pesar de su ascendencia, ni un solo atisbo de su remoto origen permanecía en su piel, aunque sí en su alma.

Entre las cosas que me enseñó se encontraba el dormir siempre con unas tijeras abiertas bajo la almohada y mirar alrededor, de vez en cuando, por si encontraba algo sospechoso, como hojas secas, cabellos anudados, plumas, pequeñas cuerdas, granos de maíz o huesos de gallina. Si aparecía alguno de estos objetos o cualquier otro sospechoso, tenía que espolvorearlo con sal y después quemarlo. En nuestro mundo los hechizos, conjuros y maldiciones estaban a la orden del día, y siempre era conveniente encontrarse tan preparados como fuera posible. La mujer tenía muchos amigos, pero también eran muchos los que la odiaban a muerte o algo peor. En los peligrosos dominios del vudú todo es posible y, habitualmente, la muerte es el menor de los castigos... y el más piadoso.

Docelia Marie Lachaise, fue una sacerdotisa vudú muy respetada en la comunidad. Teníamos un rincón en nuestra humilde casa donde se pasaba horas orando a su Loa, la versión africana y negra de Afrodita: Zili Freda Dahomey, que era considerada la Mujer por excelencia. Loa de la fertilidad y de las cosechas, pero sobre todo del amor y de las relaciones sexuales. Se trataba de una diosa caprichosa y seductora, como también lo era mi madre. En los coloridos relatos de la religión vudú, rara era la ocasión en la que no acababan acostándose entre ellos todo el panteón de dioses y Loas. En ese mundo de historias y mitos, Zili Freda Dahomey siempre quedaba insatisfecha, su deseo nunca se saciaba. En eso, la diosa también se parecía a mi madre. Es muy probable que mi padre huyera asustado ante el frenesí sin límite de su esposa y que se marchara en la noche, escapando como un ladrón, pero rezando a Dios para no enfurecer demasiado a la sacerdotisa de Zili Freda Dahomey. Me lo imagino rogando para que las sombras protegieran su huida y que Docelia Marie se apiadara de él y lo dejara en paz.

Tal vez es amor de hijo, pero creo que, a pesar de todos sus defectos, mi madre no fue una mala mujer. Su corazón era noble y, a su manera, intentaba ayudar a los hombres y mujeres de la comunidad que le pedían consejos y ayuda. En pocas ocasiones aceptaba dinero, se conformaba con algunos regalos y ofrendas que consentía a regañadientes. Recibía desde cajas llenas de fruta y comida, hasta algunos utensilios modernos para la casa y la cocina, me refiero a batidoras, microondas y cosas así. Estos últimos en pocas ocasiones los llegábamos a utilizar. No era demasiado propensa a aceptar sin más los nuevos adelantos que la ciencia ponía ante nosotros. Sin embargo, sí dábamos buena cuenta de la comida que nos regalaban. Gallinas y conejos para los guisos, verduras y pescados, incluso dulces y pasteles. Las ofrendas se convertían en nuestras comidas y cenas diarias.

Pero, después de satisfacer las necesidades básicas, empezaba a surgir su verdadera hambre y con ella, llegaba la lujuria. Zili Freda Dahomey poseía su alma y su cuerpo, lo que no llegué a entender hasta mucho después. Mi mente de niño no podía comprender más allá de lo que me mostraban los ojos. No puedo culparme de ello.

Todas las noches follaba con otros sacerdotes y sacerdotisas. Hasta altas horas de la madrugada se repetían los incansables jadeos, en el mejor de los casos, y los gritos e improperios, en el peor de ellos. Las noches se me antojaban eternas hasta que conseguía conciliar el sueño. Al principio me dominaba la rabia. Allí, junto a la pared de mi cuarto, en la habitación contigua, se escuchaba todo; ignoraban por completo mi presencia, como si no fuera nadie, un cero a la izquierda, una sombra insignificante. Pasado un tiempo, resignado, pues no tenía otro remedio, opté por dedicarme a cotillear, escondido para que no me vieran. Observé escenas que jamás en mis pervertidos anhelos juveniles de adolescente había llegado siquiera a atisbar. En mi febril imaginación apenas tenían cabida algunos de los actos que pude contemplar. Es algo que también debo agradecer a mi madre, me refiero a sus enseñanzas en ese sentido. Es bien cierto que, para que los conceptos queden claros, no hay nada como los ejemplos y, cuando son realizados con mayor convencimiento y entusiasmo, tanto mejor para un buen aprendizaje.

Por sus actos se puede llegar a pensar que era una ninfómana trastornada o una prostituta por vocación, por simple placer, pero en su descargo debo decir que la religión vudú es una religión de sentimientos extremos. Se adora a la muerte incluso en mayor medida que se adora a la vida. Los fieles, conocedores de que ambos son aspectos de la misma moneda, buscan el beneplácito del inexorable fin. No se puede huir de la muerte, así que hay que unirse a ella, respetarla y adorarla, no existe otra opción. Al otro extremo se encuentra el sexo. Están separados por un abismo, pero al mismo tiempo íntimamente unidos entre ellos: vida, muerte, las diferentes caras del mismo prisma. Y el sexo como unión entre los extremos, como el lazo que une la vida material con el mundo del más allá.

Sí, Docelia Marie Lachaise fue una sacerdotisa de la diosa del amor, Zili Freda Dahomey. Cumplía bien con la misión encomendada y con la realización de sus rituales, dejándose en ellos tanto su cuerpo, como su propia alma. A fe mía, que la diosa tenía en ella a una muy buena y ferviente servidora. Pero aquello no era una decisión suya, sino una faceta más de una realidad sombría en la que estábamos inmersos y que mi madre no quería para mí.

–Hijo mío –me dijo una vez–, cuando yo no esté, debes alejarte todo lo posible de este mundo. Huir de él como se escapa de la peste.

–¿A qué te refieres, madre? –le pregunté sin entender bien qué quería decirme.

–Estamos rodeados de unas fuerzas que escapan al control de los mortales. Nos adentramos en sus entrañas de forma inconsciente, creyendo que podemos dominarlas, pero no es así. Cuanto más poder creemos tener, más cerca estamos de ser aniquilados.

–¿Y por qué no huimos los dos ahora? –le dije, algo asustado–. Podemos abandonar Nueva Orleans, dirigirnos al norte, quizá a Nueva York o a Washington. Algún lugar donde no nos conozcan y podamos pasar desapercibidos.

–Sería inútil. Yo no puedo escapar –me respondió con tristeza–. Como he llegado demasiado alto, me he involucrado hasta un punto en el que no se puede dar marcha atrás. Y en mi afán no he pensado el gran riesgo que te hacía correr. Estamos en peligro, pero sobre todo me preocupa tu vida.

–Pues me quedaré contigo para protegerte –le aseguré con toda la convicción que pude imprimir en mis palabras– no me importa lo que me ocurra a mí. Si estoy a tu lado, nadie nos podrá hacer daño.

Pude ver en sus labios una sonrisa que se tornaba al momento en una leve mueca de tristeza y resignación.

–Sé que, si estuviera en tus manos, así lo harías. La fuerza de tu cariño podría mover montañas, pero no puede detener al infierno.

–Por lo menos lo intentaré.

En aquellos días tenía trece años, y a esa edad todos tenemos sueños que vuelan muy alto y una energía indomable e inconsciente que parece comerse el mundo. Pocos años después, es el mundo quien se te come a ti.

Una noche llegó el momento que ella siempre había temido, del que en múltiples ocasiones me había advertido. Se produjo justo cuando el día ya había acabado, horas después del que recuerdo como un bello y especial atardecer. Entró en casa acompañada de un hombre extraño al que veía por primera vez.

Después de esa noche todo cambió.

II

EL LOA DE LA MUERTE

Soberana Hécate, Phorba phorböbar baro phorphor phöbai, protectora de los caminos, perra negra.

Textos de Magia en Papiros Griegos

Temprano una mañana en el sucio rocío del pantano,/desapareció Marie con el odio en sus ojos./ Aunque nunca volverá todo lo que sabían los cajuns./Una bruja nunca muere.

La Reina Bruja de Nueva Orleans, Redbone

Como he dicho, llegaron juntos alrededor de la medianoche. Un hombre, negro como el carbón, acompañaba a mi madre, Docelia Marie, blanca como la luna. Aunque la piel de mi madre ya era marfileña, ese día estaba más pálida que de costumbre. Parecía que se tratara de un zombi. Su mirada y su rostro perdidos, no mostraban ninguna expresión. Hubiera jurado que se encontraba dominada por algún poderoso hechizo. Pero no era así. Con un gesto rápido, llevándose un dedo a los labios, me ordenó silencio. Enseguida supe que algo muy malo ocurría.

Nunca antes había visto a aquel hombre. Era un negro de casi dos metros de altura y de ojos ardientes que parecían dos soles en medio de la negrura del universo. Su piel, además de oscura, era brillante como si estuviera bañada en aceite. En ella tenía grabados múltiples tatuajes: serpientes que se entrelazaban entre sí, extrañas criaturas aladas con cabeza de gallo y cuerpo de león, formas geométricas y numerosas palabras escritas en idiomas extraños para mí. Tenía el cabello como su piel, negro y brillante, bastante largo, anudado en pequeñas trenzas, sujetas una a una por unos pasadores dorados con símbolos grabados en ellos.

Me encontraba acabando la cena, intentando pasar desapercibido, como el niño que ha cometido alguna travesura y cree que escondiendo el rostro se hace invisible, cuando nuestras miradas, durante un instante angustioso, se cruzaron. Creí ver el infierno reflejado en las pupilas del entonces para mí, solo un gigantesco negro, y al momento bajé la mirada asustado hacia el plato de comida. Aún así, sentí que él no dejaba de mirarme, e incluso intuí una sonrisa que me hizo estremecer de arriba abajo. A pesar de ser todavía un jovencito imberbe, supe que me encontraba ante un ser maligno. De alguna manera vino a mi mente el recuerdo y la imagen del varón Samedi, uno de los *guede* más importantes, uno de los dioses de la muerte que, en ocasiones, se presentan con un aspecto espantoso, y otras con una apariencia ridícula. Ellos sabrán el porqué. También desconozco la razón que me llevó a imaginar, pensar y creer, que el gigante de ébano debía tener un pene descomunal, semejante a una columna de mármol, como un pilar arrancado de algún templo del averno. Durante unos segundos contemplé en mi mente a ese negro como una bestia salvaje encima de mi madre. Imaginé cómo profanaba y dominaba su cuerpo y su espíritu. Sin embargo, esa noche no oí gritos de éxtasis, ni siquiera jadeos o susurros. Por supuesto, no tuve valor para espiar a los amantes como otras veces hacía. Intenté dormir y recé para que no me asaltaran terribles pesadillas.

No me di cuenta de cuándo se marchó el negro. Tal vez lo hizo de madrugada, antes del amanecer. Lo único que pensé fue que me alegraba de no haberlo visto de nuevo y que esperaba no verlo nunca más en toda mi vida.

Entonces, para mi desasosiego vi, a mi lado justo encima del almohadón, una pluma oscura y brillante como la de un cuervo. Se movía levemente agitada por mi propia respiración. Salté de la cama como impulsado por un resorte, llevado por el instinto de supervivencia. Me asusté, como si en lugar de una inocente pluma lo que contemplaba fuera un escorpión o una serpiente venenosa dispuesta a atacarme. Incluso me descubrí esperando un sonido, parecido al de un cascabel, que anunciara su próxima y mortal picadura. Desde niño había sido advertido en varias ocasiones de lo peligroso que resultaban algunos hechizos y conjuros. Entre ellos se encontraban el de la pluma maldita que ahogaba a sus víctimas como si, de repente, la garganta se llenara de algodón, impidiendo que el aire llegara a los pulmones. Era una muerte agónica que dejaba a la víctima indefensa, sin protección. Los pulmones se encogían y, en escasos minutos, al igual que se marchaba el aire, también lo hacía la vida.

Con el corazón latiendo desbocado a punto de salir de mi pecho, miré nervioso a mi alrededor y, al momento, encontré el tarro con la sal que siempre teníamos cerca; es uno de los elementos más importantes para protegerse de los conjuros. Arrojé un buen puñado sobre la pluma negra, después la cogí, sujetándola con un trapo, para que no mantuviera contacto con mi piel y le prendí fuego con una cerilla. No la solté hasta que se quemó por completo. Recogí lo que quedaba de ella y lo arrojé por la ventana. El viento y la luz del sol hicieron el resto y de la pluma solo quedó un ligero polvo que se desperdigó en el aire fresco de la mañana. Respiré más tranquilo. No parecía que fuese una pluma dejada allí con la intención de matarme, o quizá actué antes de que pudiera cumplir su objetivo. Aparte del susto no había sufrido ningún efecto extraño.

Aunque nunca fui un niño pegado a las faldas de mi madre, yo la quería con locura. Para mí era la luz que iluminaba mi vida. Por eso, un respingo de preocupación y temor recorrió mi espalda. Fue como una fuerte descarga eléctrica atravesando mis músculos y mis nervios. Mi instinto me decía a gritos que algo no iba bien.

Con cuidado, me acerqué a la puerta del dormitorio, estaba entreabierta y en el interior no había luz; las ventanas se mantenían cerradas. Cogí un pequeño incensario y lo encendí con otra cerilla. Entré en la habitación temeroso de lo que me podría encontrar allí.

Docelia Marie se encontraba tumbada en la cama, completamente desnuda y con las piernas abiertas y dobladas, como si fuera a parir. Temí que estuviese muerta, pero al momento contemplé cómo su pecho ascendía y descendía llenando sus pulmones del aire enrarecido de la habitación. La cubrí con una sábana y acto seguido abrí las ventanas para que entrase la luz del exterior y el ambiente se renovara lo antes posible. La brisa de la mañana barrió el hedor de la noche, las sombras se difuminaron ante los rayos del sol. De nuevo me aproximé hacia la mujer que me había traído a este mundo. Sus ojos estaban en blanco, la consciencia perdida en algún rincón de su mente. La cogí entre mis manos sujetándole la cabeza con suavidad y la zarandeé levemente.

Durante varios minutos no respondió a mis torpes intentos para despertarla. Temí que su mente se encontrara en otro lugar de donde no pudiera volver, atada por cadenas invisibles a una prisión sin paredes, pero con los muros más gruesos e impenetrables que se puedan imaginar. En alguna ocasión mi madre me habló de esos lugares, tal vez para asustar mi rebelde corazón de niño travieso. Son cárceles de locura y de miedo creadas para martirizar sin límite ni piedad a las víctimas allí atrapadas. Estaba demasiado familiarizado con la brujería, los hechizos y los rituales como para no temerme lo peor. Había escuchado que, con los conocimientos y los medios adecuados, se conseguía traer a los muertos de regreso a la vida. Eran los famosos zombis, implantados en el inconsciente popular que se alimentaba de películas y novelas. Nunca tuve el dudoso placer de conocer a ninguna persona en ese estado, vagando en un lugar sin nombre, perdido entre la vida y la muerte. A pesar de ello, entonces todavía creía firmemente en su existencia. Sin embargo, no era lo peor que podía ocurrirle a alguien que sufría la maldición de algún hechicero o varón adorador de los Loas de la muerte. Corrían rumores de gente que había quedado prisionera en una especie de limbo de oscuridad. Un lugar de eterna pesadilla, situado más allá de las líneas que conforman la realidad que conocemos. Allí, las pobres víctimas sufrían torturas inconcebibles, sin escapatoria alguna, salvo que, el mismo varón o sacerdotisa que había obrado el hechizo, tuviese a bien anularlo, lo cual siempre exigía un precio muy elevado, ya que en escasas ocasiones se producía un perdón desinteresado o piadoso. La compasión no es la virtud más extendida en el mundo del vudú.

Docelia Marie despertó de golpe, incorporándose de improviso como un vampiro al que han despertado restregándole por las narices el aroma de una maldita cabeza de ajos. Todo su cuerpo comenzó a temblar mientras me miraba asustada, sin reconocerme. Busqué una manta y la cubrí con ella. El temblor remitía despacio, aunque su mirada mantenía la misma expresión de miedo. Pensé que quizá, al final, habíamos tenido suerte, tanto mi madre como yo mismo. Aunque más adelante pude comprobar que no fue así y mis esperanzas de ese momento se vieron resquebrajadas sin ninguna piedad.

–Tranquila, ya ha pasado todo –intenté calmarla sin saber bien de qué, cómo o por qué–. Ahora estarás mejor. Voy a prepararte algo caliente.

–¡No! ¡No me dejes sola! –me suplicó mientras me sujetaba del brazo clavándome las uñas hasta hacerme sangre. Le seguía temblando todo el cuerpo. Intuí que la causa era un inmenso pánico que no podía controlar, a pesar de las capacidades y los poderes que poseía por ser una reina bruja.

Obedeciendo sus deseos me senté de nuevo a su lado y le cogí la mano con fuerza. Despacio, se acercó más hacia mí, intentando acurrucarse mientras se hacía un ovillo sin poder contener el temblor que la invadía. En ese momento cambiamos los roles; ella era la niña asustada buscando el refugio protector del padre, y yo quien representaba el papel de progenitor. Una hora después conseguí que se levantara y, después de lavarse con agua caliente, se vistió. Apenas hablaba, pero atinó a comer algo, una especie de sopa, por llamarla de alguna manera, que le había preparado a duras penas, pues mis conocimientos culinarios eran, y son, nulos.

Los días y semanas siguientes fueron muy extraños. Aunque parecía que se recuperaba lentamente, nada más lejos de la realidad y de lo que, más adelante, iba a ocurrir; aquello marcaría mi vida para siempre. Abandonó por completo sus prácticas sexuales y se sumió en una profunda depresión que la fue minando cada vez más. Su cuerpo se marchitaba como una flor arrancada del tiesto. Nunca quiso acudir a un médico; sabía que el mal que la estaba matando no podía curarse con la medicina convencional. Cuando se encontraba con fuerzas, momentos por otro lado escasos y espaciados en el tiempo, intentaba preparar algunas pócimas que solo ella conocía. Extraños ungüentos hechos con sangre de gallinas y cenizas de diferentes animales. También llegaba a utilizar insectos, como moscas, cucarachas, saltamontes y abejas. En otras ocasiones, confeccionaba muñecos de tela y esparto, rellenos de algodón bañado en sangre y en vísceras de bichos desconocidos. No sabía qué era exactamente lo que pretendía, pero sí me daba cuenta de que no estaba logrando sus fines, es posible que ni siquiera se estuviera aproximando a ellos.

En sus últimos días permaneció acostada con las ventanas de la habitación completamente cerradas, sumida en la penumbra. Su cuerpo era poco más que un esqueleto cubierto de piel blanca surcada de venas azules que se extendían como raíces por los brazos, piernas, pecho e incluso por el rostro. Para mí era una tortura verla en ese deplorable estado. La impotencia me abrasaba el corazón, haciéndome sentir como un verdadero inútil que no servía para nada. Mi madre se moría delante de mí y yo no era más que una molestia.

Un día escuché un grito agudo, lleno de terror. Provenía de la habitación donde descansaba mi madre. Me levanté de un salto y, con el corazón en un puño, entré alarmado sin saber con qué me podía encontrar.

Lo que ocurrió después se quedó grabado para siempre en mi memoria, condicionando a partir de entonces, el resto de mi vacua existencia. Supe, con total seguridad, que el recuerdo terrible de lo que sucedió en aquella jornada me perseguiría todos los días de mi vida, mostrándose como una pesadilla sin fin. Pero no me quedó otro remedio que aceptar lo ocurrido. No estaba en mis manos evitarlo, no podía cambiar el destino.

Docelia Marie estaba arrodillada en el suelo de la habitación, encogida sobre sí misma, como si quisiera hacerse pequeña y menguar hasta desaparecer. Su rostro macilento era semejante al de un cadáver surgido de la tumba. Miraba al vacío intentando buscar el asidero de alguien que la pudiese ayudar. Sus ojos temblaban suplicantes, cargados de lágrimas que no lograban brotar y liberar su dolor. Los labios, amoratados e hinchados, supuraban sangre o quizá veneno, no lo podía saber. Se dio cuenta de que entré en la habitación y levantó una mano que rogaba en silencio que la ayudara. Me acerqué a ella cuando logré vencer la parálisis en la que había caído por el estupor y el miedo que me embargaron al contemplar la escena. Con gran esfuerzo moví las piernas y los brazos. Al fin, pude coger a mi madre con cariño y suavidad, como si fuera una frágil muñeca de porcelana, sujetando su cabeza entre mis manos, acariciando su pelo lacio.

–¿Qué ocurre, madre? –pregunté– ¿Cómo puedo ayudarte? ¿Qué debo hacer?

Nunca hubiera imaginado la respuesta que me daría a continuación. Mi corazón quedó aprisionado en una garra invisible que amenazaba con arrancarlo del pecho.

–Coge un cuchillo de la cocina –me dijo con la voz temblorosa y con palabras que parecían surgidas de una pesadilla–, el más grande que encuentres y córtame con él los dos dedos pulgares de las manos. Después haz lo mismo con mis ojos, arráncalos sin pensar.

–Pero madre, ¿qué dices? –le pregunté espantado– ¿Te has vuelto loca de remate? ¡No voy a hacer eso! ¡Nunca! ¡Te lo aseguro!

–Escúchame atentamente, hijo –me habló con toda la calma y serenidad que le permitía su estado–. Existen dos clases de hechizos y maldiciones: los que encadenan el cuerpo a la vida y los que lo hacen con el alma en la muerte. Estas torturas solo pueden ser generadas por un varón del más alto nivel. Los únicos que pueden hacerlo son los adoradores del varón Samedi, o el varón La Croix. Pero en este caso se trata de un boko del varón Cimetiere, el más cruel de todos ellos. Los conjuros que se realizan a través de estos Loas son casi imposibles de revertir. Para ello se requieren sacrificios que muy pocos están dispuestos a llevar a cabo; hijo, es la única manera de salvar mi alma, lo único que de verdad importa ahora.

–Madre, yo no puedo –supliqué–. Por favor, no me pidas eso.

–Claro, hijo, ¿cómo podría hacerle eso un hijo a su propia madre? ¿Quién sería capaz de hacerlo? Por eso mismo, ahí está el verdadero sacrificio. En ti, en tu dolor. Solo así me salvarás. La muerte no es el fin, pero lo que me espera tras ella puede ser más terrible que el mismo infierno, si no haces inmediatamente lo que te digo.

–¡No puedo, madre! –repetí desesperado–. No puedes pedirme que haga eso, te lo ruego.

–Tráeme aquel tarro de la repisa –me ordenó al tiempo que señalaba el objeto que me había solicitado.

Obedecí sin más, no parecía que fuera peligroso. Pensé que tal vez había encontrado, en el último momento, otra solución al mal que le aquejaba.

Abrió el tarro con un suave giro de la muñeca. En su interior pude ver una pasta oscura semejante a ceniza mojada. Con un movimiento suave, mi madre introdujo dos dedos de la mano y, sin mediar palabra, me manchó la frente con el ungüento. Marcó dos puntos con ambos dedos y después dejó caer la mano sin fuerzas.

–Ahora me obedecerás –dijo con un susurro de voz, y yo creí morir en ese instante cuando mi voluntad fue poseída y me di cuenta de ello.

Desde ese momento todo se convirtió en una pesadilla. A mi alrededor los objetos adquirieron una consistencia fantasmal. Me vi envuelto en un sueño durante el que permanecía despierto y en el que no podía controlar mis actos. Otra voluntad que no era la mía mandaba sobre cada una de mis acciones. No lograba, por mucho que me esforzaba, dominar mi cuerpo, que se movía como un títere guiado por hilos invisibles. Cada uno de mis movimientos era un paso que daba en los senderos del mismo infierno. Me sentía como un reo caminando hacia una inminente ejecución.

Cogí el cuchillo con una mano, apretando la empuñadura con fuerza. Con la otra sujeté la izquierda de mi madre y, apoyándola sobre una de las mesitas de noche, situé el filo entre la madera y su dedo pulgar. No sé cómo, pero imprimí una energía desconocida para mí. El pulgar quedó cercenado de un solo golpe. Mi madre se mordió el labio inferior hasta que lo hizo sangrar, pero no gritó. Después me cambié de lado en la cama e hice lo mismo con el otro dedo. El filo cortó la piel y el hueso sin demasiado esfuerzo. Si hubiera podido, me habría cortado yo mismo mis dedos para producirme un dolor que hubiese atenuado el que sentía mi alma. Pero ni eso me fue concedido ese día.

–Ahora vas a acabar lo que has empezado –me dijo–, así quedaré liberada del conjuro. Vas a hacerlo y la victoria, al final, será nuestra. No dudes, hijo mío, te necesito más que nunca. Pobre hijo, siempre te querré más que a mi vida.

Juro que quise apartar la vista, girar la cabeza, cerrar los ojos. Juro que quise morirme y que mi alma se condenara para la eternidad, pero no pude ni siquiera lanzar un grito para expulsar la rabia que rugía en mi interior y amenazaba con hacerme reventar.

El filo cortó el iris de su ojo izquierdo, abriendo una ventana de oscuridad, después mi mano giró sobre sí misma, describiendo un semicírculo que dirigió la hoja del cuchillo ya ensangrentada, bajo el globo ocular. Cortó nervios y, de un golpe seco, extrajo la perla de hermoso cristal que antes había contenido la mirada de Docelia Marie.

Creí que mi mente se iba a romper como un espejo, que me volvería loco en ese instante, y eso habría ocurrido, si mi corazón hubiera sido más débil, pero, por algún extraño sortilegio, conservé la cordura. Al menos eso creo, aunque demasiadas veces lo he dudado.

Después, abocado a un destino del que no podía liberarme, arranqué la siguiente gema, esmeralda de vida. Todo acabó en el momento, pues la vida se le escapó en ese instante. Para que el ritual tuviese el efecto deseado, debía realizarse antes de que le sobreviniera la muerte. Un último suspiro se escapó entre los labios mientras estos dibujaban una sonrisa. Creí escuchar una palabra de agradecimiento, aunque quizá solo la oí en mi mente.

Los párpados se cerraron sobre los dos pozos infames que había abierto en su rostro y, al mismo tiempo, su alma voló a un lugar mejor. Recé a la diosa Zili Freda Dahomey, Loa a la que en vida mi madre había adorado, o eso quería creer, y que el alma de Docelia Marie Lachaise descansase en paz.

De repente tenía el control de mis actos. Tras los dramáticos momentos pasados, el cuerpo me pertenecía otra vez. Entonces el verdadero dolor me traspasó la piel. Lancé un grito profundo y contenido, desesperado, cargado de una furia indescriptible. Me golpeé el rostro, el pecho, me arañé los brazos y las piernas. El aire me faltaba en aquella habitación. Salí corriendo de allí. Las paredes amenazaban con aprisionarme entre sus brazos de piedra y ahogarme sin piedad. De repente me encontré en la calle. Quería huir, alejarme todo lo posible de la pesadilla que había vivido. Quería perderme e, incluso, deseaba morir. El cielo estaba nublado, denso, y comenzó a llover. Las gotas, calientes y gruesas, cayeron sobre mí, primero poco a poco, pero después se desprendieron en cascada.

Me encontraba bajo una cortina de lluvia torrencial y no sabía hacia dónde me dirigía ni qué buscaba. El sufrimiento me cegaba, me embargaba casi hasta hacerme enloquecer. Si hubiera sido más mayor, con seguridad la locura me habría poseído, pero mi mente juvenil era capaz de asumir un dolor que no podía racionalizar. Creo que avancé sin un rumbo definido, recorriendo como un espectro condenado las calles solitarias, donde la poca gente que se cruzaba conmigo estaba más preocupada por llegar a sus casas y protegerse del aguacero cada vez más intenso que regaba la ciudad, que de prestar atención a un niño.

Es probable que me perdiera entre las calles ya que me encontré vagando por lugares en los que nunca antes había estado. Las ventanas cerradas me parecían ojos ciegos de enormes monstruos de piedra que se burlaban de mi sufrimiento. Al fin caí rendido en un portal situado en un callejón estrecho y oscuro, donde ni la lluvia lograba penetrar. Mi cuerpo se derramó sobre la superficie de unos escalones húmedos y fríos.

Una puerta se abrió a mi espalda. Los goznes crujieron y una tenue luz surgió como una pequeña llama en la oscuridad que envolvía mi alma. Una inmensa sombra cayó sobre mí, y casi al mismo tiempo, una mano se posó con firmeza en mi hombro.

–¿Qué te ocurre joven? –me preguntó una voz que me pareció quebrada y profunda a la vez–. ¿Qué te ha traído a las puertas de la casa de Mama Bessi Odette?

Yo no respondí. Las palabras se atenazaban en mi garganta, por la que apenas pasaba el aire justo para dar oxígeno a los pulmones.

–Vaya, vaya, yo te conozco –me dijo mientras me levantaba del suelo y miraba detenidamente mi rostro–. Eres el hijo de Docelia Marie Lachaise. ¿Qué desgracia ha ocurrido para que te encuentres tan lejos de tu casa? ¿Dónde está tu madre? Te llevaré con ella.

–Para llevarme a su lado tendrías que matarme –le respondí con palabras entrecortadas, pero también demasiado firmes para el estado en que me encontraba–, ya que no está en este mundo; solo muerto podría volver de nuevo junto a mi madre.

–Acompáñame, entra conmigo –su tono de voz había cambiado, ahora era más maternal y, a la vez, mucho más sombrío. La mujer se vio envuelta por un velo de preocupación. No hacían falta más palabras, ni mayores explicaciones.

Dudé por un momento, pero enseguida accedí. No tenía nada que perder, aunque en este mundo siempre se puede perder mucho más de lo que uno se imagina, cuando se actúa sin pensar.

–Dentro podrás secarte –continuó hablando la mujer–. Pobre niño, tu madre entró en un templo demasiado peligroso. Los grandes Loas juegan terribles partidas con sus peones.

–¿Quién eres? –le pregunté– ¿Conocías a mi madre?

–Soy Bessi Odette y sí, conocía bien a la joven Docelia Marie Lachaise. También conocí, aunque durante poco tiempo, a tu padre, el irlandés. Él sabía bien lo que hacía cuando os dejó. Su instinto estaba muy sensibilizado ante lo paranormal y todo lo que le rodeaba le superó demasiado. Soy Mama Bessi Odette, joven Kavanac y, si quieres, puedes quedarte conmigo. No puedo ofrecerte grandes lujos...

–Nunca los he tenido –le interrumpí.

–Tampoco puedo entregarte el cariño de una madre –continuó hablando la mujer.

–Nunca serás mi madre –respondí ofendido.

–Tu corazón está lleno de odio; lo entiendo. No te daré lujos, no seré tu madre, pero puedo darte techo, comida y cobijo y, sobre todo, puedo protegerte.

–¿Protegerme?

–Sí, si ha ocurrido lo que me temo; Mama Bessi Odette pocas veces se equivoca. El peligro todavía ronda acechando a tu alrededor, lo noto. Los bokos no conocen la piedad y jamás olvidan.

–¿Los bokos?

–Quien destruyó a tu madre era un boko, un sacerdote maligno, y además uno muy poderoso, tu madre no estaba precisamente indefensa. Solo un gran poder podía acabar con ella. Pobre Docelia, pobre niña.

–Lo sucedido es muy confuso para mí. Es como si los recuerdos se borraran. Todo ha ocurrido hace apenas una hora y el rostro de mi madre comienza a ser una imagen desdibujada, pero no quiero olvidarla.

–Estás conmocionado, por no decir también, helado. Pasa de una vez, no vamos a quedarnos a vivir aquí, en esta escalera, cuando dentro tengo alguna manta para taparte. Seguro que esta humilde mujer te puede preparar alguna comida aceptable o al menos caliente.

Seguí sus pasos, dejando atrás una vida cuyo recuerdo, cada vez más confuso, parecía borrarse como si algo quisiera hacerlo desaparecer de mi mente. Mama Bessi Odette me ofreció un nuevo mundo que no podía rechazar pues, aunque era demasiado joven, sabía perfectamente que no tenía nada más, ningún otro lugar a donde ir. También sentía en mi interior que, como dijo la mujer, fuera de aquel nuevo hogar me esperaba un gran peligro del que no lograría escapar si me enfrentaba a él sin ayuda.

Así me quedé solo. Era una verdadera soledad, porque nada me importaba y a nadie tenía cariño. Si uno no quiere a nadie, está tan solo como si estuviera muerto. No sabía lo que me aguardaba en el futuro y creo que tampoco me importaba en ese momento. Agradecí en silencio a mi madre todo lo que me había enseñado antes de morir, sin dar demasiada importancia a si lo que había aprendido era bueno o malo.

Entré cerrando la puerta tras de mí.

III

DETECTIVE DE LO INSÓLITO

Baja con fuego,/eleva mi espíritu más alto./Alguien grita mi nombre./Ven y hazme santo otra vez./Soy el hombre en la montaña plateada./Soy el hombre en la montaña plateada.

El hombre de la montaña plateada, Rainbow

Habían pasado más de treinta años desde el día en el que vi por primera vez a Mama Bessi Odette. En ese tiempo fui olvidando; era como si mi mente rechazara aquellos acontecimientos que me habían destrozado, al mismo tiempo y de un solo golpe, la vida y los sueños. Era como si actuara algún misterioso mecanismo de seguridad interno, que evitaba que cayera en la más profunda locura y arrinconaba en algún lugar perdido de mi memoria los recuerdos que tanto daño me hicieron.

Durante los primeros meses con Mama Bessi Odette, me había sentido como un extraño, un elemento ajeno al entorno que me acogía, incluso como un parásito. Al principio apenas tenía alguna relación más allá de compartir las comidas y alguna breve charla. La terrible experiencia vivida me había dejado marcado. Tengo que decir que nunca tuve noticias de la policía. Jamás supe qué investigaciones habían llevado a cabo, aunque sí tenía claro que no resolverían nada. Los asesinatos rituales ocurrían con demasiada frecuencia, y el que más y el que menos, intentaba no entrometerse. Era un campo que solían evitar en la medida de lo posible. De todas formas, permanecí oculto un tiempo en casa de Mama Bessi hasta que todo se olvidó y la policía dejó el caso sin resolver.

Con el paso del tiempo, que todo lo puede, fui abriéndome cada vez más a mi protectora. Me enseñó muchas cosas, pero todas ajenas al mundo del vudú. Creo que lo hacía consciente de ello, porque creía que cuanto menos supiera más me alejaría del peligro que me acechaba. Era una forma de protegerme, apartando mi cuerpo y mis recuerdos de todo lo que pudiera tener alguna relación con las creencias que abrazó mi madre. Mama Bessi pensó que estaría a salvo si hacía solo lo que se esperaba de una persona normal, un hombre que no tuviera nada que ver con el vudú y todo lo que representaba. Casi llegué a querer a Mama Bessi como a una verdadera madre, pero a pesar de que ella me había cuidado y acogido como si fuera su propio hijo, al cumplir los dieciocho años decidí marcharme. Sabía que aquel no era mi lugar. El hogar me fue arrebatado de pequeño y, aunque no deseaba ya recuperarlo, algo imposible, necesitaba encontrar mi camino. Un buen día, cuando estábamos cenando, le confesé a Mama Bessi Odette mis intenciones.

–Tengo que decirte algo importante –le dije apartando levemente el plato de comida que tenía delante de mí–. No sé cómo empezar.

–Por el principio, claro, por donde empiezan todas las cosas –Mama Bessi sonrió como siempre lo había hecho cuando, dispuesto a confesarle alguna travesura, ella ya sabía lo que iba a decirle–. Mi pequeño se ha hecho mayor y quiere abandonar el nido. ¿Me equivoco?

–No te equivocas –mis ojos se oscurecieron por el remordimiento–. Siempre he sido un libro abierto para ti. Conoces hasta mis pensamientos más escondidos.

–Por supuesto y a pesar del dolor que me produce tu decisión, entiendo que alguna vez tenía que llegar este momento. Espero que no me guardes rencor si te he fallado en algo. He intentado darte todo lo bueno que humildemente he podido conseguir y educarte como mejor he sabido.

–Mi madre, Docelia Marie, estará orgullosa de ti, allí donde se encuentre ahora –le respondí–. No podría haber deseado mejor persona para cuidarme y protegerme. A tu lado no he conocido el frío ni el hambre ni, sobre todo, el miedo.

–Bueno, ya está bien de echarnos flores. Los dos hemos hecho lo que debíamos, yo como madre no deseada y tú como hijo no esperado. Los Loas nos han unido y ahora nos separan, no hay nada más que discutir, nada de lo que lamentarse –guardó silencio durante unos segundos, pensado lo siguiente que iba a decir–. Ten la máxima precaución posible, pues, como ya te dije en una ocasión, a tu alrededor se mueven fuerzas ocultas que desconoces. La maldad campa a sus anchas por esta ciudad en la que nos ha tocado vivir.

–Cada vez creo menos en todo eso, madre. El mundo me ha enseñado la verdadera realidad. Nunca he contemplado nada que no tuviera una explicación lógica. Respeto tus creencias que, en el pasado, también fueron mías, pero ahora yo pienso de otra manera. Para mí las religiones, el Obeah, el Vudú, son solo el reflejo de una esperanza que llena el anhelo de un más allá, cuando es muy probable que después de la muerte no haya nada más que vacío y olvido.

–Quizá sea mejor que creas eso. También espero que te alejes todo lo posible de las creencias que has nombrado. Vive con entusiasmo y busca la felicidad al lado de una buena mujer que te quiera y te cuide.

–Mañana me marcharé. No quiero demorarlo más. Lo llevo pensando desde hace bastante tiempo.

–Lo sé –me dijo–, desde el primer día que lo pensaste y la idea de marchar se perfiló en tu mente. Pude verlo en tu mirada. Que Zili Freda Dahomey te proteja allá donde vayas.

–Me quedo en la ciudad, por el momento no me iré muy lejos. No conozco otras calles que las de Nueva Orleans.

–Tal vez sería interesante que conocieras otras ciudades. Quizá deberías ir al norte, hace más frío que por aquí, pero la gente va a lo suyo; cualquiera puede pasar desapercibido y tener una vida tranquila y anónima. Pero sé que es inútil pedirte que te vayas lejos de estas calles, tu alma está demasiado aferrada a esta tierra que no te quiere soltar, te abraza con mucha fuerza. Somos tan hijos de la tierra que nos acogió como de nuestros padres. Hay que dar un poco de tiempo al tiempo. Espero que mañana cuando me despida de ti, no haya lágrimas, ni lamentos, sabes que no lo aguanto.

–Claro ¿por qué no? –le respondí con una sonrisa–. No me marcharé sin más.

El día siguiente llegó demasiado pronto. Mama Bessi Odette estaba despierta. Me había hecho el desayuno y ya tenía un par de maletas preparadas.

–Te he puesto lo justo. No quiero que vayas cargado con banalidades, pero tampoco quiero que te vayas de vacío.

–Gracias, mamá –le dije con lagrimas pugnando por brotar de mis ojos–. Me llevo muchísimo más de lo que traje y de lo que he aportado.

–No vayas a llorar como un marica –me dijo–. Cómete el desayuno de una vez. He estado casi una media hora preparándolo y ahora solo falta que se enfríe esperando a que te decidas a hincarle el diente.

Me levanté de la mesa y me fundí en un largo abrazo. Al principio me pareció que no me correspondía, pero luego me abrazó como un oso. Y los dos rompimos a llorar.

–Eres un verdadero marica –me dijo rotundamente.

Salí por la puerta como había entrado una vez hacía ya mucho tiempo, en silencio y dejando atrás, de nuevo, otra vida.

Los años pasaron muy deprisa. Durante los primeros llegué a realizar diversos trabajos. Ejercí de camarero, aguanté muy poco de vendedor de libros, de esos que van convenciendo a la gente de casa en casa. También trabajé de agente de seguros y comercial de productos de hostelería. Pero lo mío no eran las ventas. En mi deambular sin sentido cada vez iba cayendo en una mayor apatía. La creciente desgana se transformaba paulatinamente en una profunda depresión. Los trabajos no me satisfacían, los abandonaba a las pocas semanas de haber empezado. No tenía amigos, tal vez unos pocos conocidos que únicamente me requerían para pedirme un dinero que nunca me devolvían, o alguna ayuda, también económica, para conseguir drogas y alcohol o gastársela en putas. Algunos me buscaban para acompañarlos en algún ajuste de cuentas, es decir: para darle una buena paliza a algún desgraciado. Lo único que alegraba mis días, y sobre todo las noches, era alguna prostituta o ligue ocasional, pero, en definitiva, mi gran compañera fue la botella de whisky, sin importar marca; herencia de mi padre, el irlandés.

El alcohol entró en mi vida despacio y en silencio, como una amante, para quedarse después a tiempo completo. Cuando abandoné a Mama Bessi también abandoné, poco a poco, todo lo que me había enseñado, y al final me quedé solo. Quizá siempre, desde que murió Docelia Marie lo había estado, aunque no era consciente de ello.

Un buen día, hace unos pocos años y estando más borracho que sobrio, como ya era habitual, me llegó una iluminación que me pareció una buena idea. Como no tenía ningún otro oficio de provecho, ni me había preocupado por tenerlo, me dediqué a la investigación. Pero no a la investigación científica, sino a investigar casos de desapariciones o espiar a maridos y esposas con ataques de cuernos. Me hice detective privado y me especialicé en aquello que más y mejor conocía, lo que había estado rondando a mi alrededor casi desde el día en que nací: lo oculto, lo paranormal, lo extraño. No me hacían falta estudios para eso. Solo necesitaba algo que ya tenía, conocer y saber moverme por los bajos fondos, que es donde, al menos en Nueva Orleans, se cuecen la mayoría de los problemas que le pueden acuciar a uno y prescindir de algo de lo que ya carecía: los escrúpulos. La vida me había tratado muy mal y lo primero que dejé en el camino fueron los buenos sentimientos. Sé que no era una buena persona, pero tampoco Jack el destripador, simplemente me importaba una mierda lo que le pasase al mundo y a sus habitantes, excepto claro, aquellos que me pagaban. Me establecí en un sexto piso algo desvencijado del barrio francés de Metairie, no muy lejos del lago Pontchartrain. Allí donde late el corazón y flota el alma de Nueva Orleans, donde aún se rememora el pasado, cuando el sur de Estados Unidos era una mezcla de blancos y criollos, de piratas y esclavos, de prostitutas y magia negra. ¡Coño! Ahora sigue siendo igual.

No puedo negar que he heredado de mi padre la sensata afición por el whisky, y de mi madre la maldición de no poder escapar del mundo oscuro en el que ella siempre estuvo envuelta. Ante lo cual opté, ya que no podía huir, al menos intentar sacar algo de provecho de todo ello. La verdad es que siempre he tenido una gran afinidad con los asuntos extraños. Magia, vudú, santería, desapariciones misteriosas, sucesos paranormales, espectros aburridos y todo tipo de fenómenos inexplicables, desde los ovnis hasta los exorcismos. Así que, como ya he dicho, me dediqué a la poca recomendable profesión de detective especializado en casos raros.

Los clientes que venían a mí eran los rechazados por mis colegas, que los dejaban de lado con cualquier excusa para no perder su valioso tiempo en majaderías y poder centrarse en asuntos de más interés y, sobre todo, no lo olvidemos, mejor remunerados. Por mi parte, estos casos son siempre bien recibidos. Ahora soy un profesional del ocultismo, de nuevo gracias a la que fue la reina bruja, mi madre. Son curiosos los caminos por los que nos lleva el destino, pues de eso me advirtió Mama Bessi. No puedo evitar la atracción que siento por ellos, esos pequeños monstruos de feria, raros y extraños que son los sucesos inexplicables, fenómenos que escapan a la lógica y al sentido común. Muchos de los casos, podría decir que la mayoría, no son más que situaciones normales. Entiendo por normales las fugas de adolescentes, las jodidas drogas que permiten ver, por igual, tanto a demonios obscenos como apariciones de la Virgen y los santos, los secuestros sin solicitud de rescate, los robos de objetos sin valor, alguna paliza propinada por sectarios sin ánimo de lucro, incluso los asesinatos rituales de cuatro iluminados que esperan recibir la gracia de Belzebú. Por lo general, la razón oculta en estos casos no varía demasiado: el sexo, el dinero o el ansia de poder. De todas formas, nunca los rechazo, siempre que haya clientes solventes y una paga de por medio, claro. Si no hay dinero, no muevo el culo de la silla. Solo quise aprovecharme de unos conocimientos en los que ni siquiera creía pero que se me daban bastante bien.

Viviendo en una ciudad como Nueva Orleans, no me podía faltar trabajo de esas características, si bien solo me entraban uno o dos casos cada tres meses. La mayoría eran simples chorradas que se podían solucionar con facilidad y los menos se quedaban sin resolver, nunca encontré ninguno que pudiera ser considerado verdaderamente paranormal. Lo que al final no le daba el prestigio que se merecía a la ciudad.

Así creé la agencia Kavanac, *detective de lo insólito*. Tarifas ajustadas a cada presupuesto, y garantía de resolución de los problemas. Si no era así, se devolvía el dinero, hasta el último centavo y los gastos ocasionados correrían por mi cuenta, lo que me jodería una barbaridad.

Durante un tiempo estuve solo en mi oficina, pero como siempre he sido un verdadero desastre en organización y nunca he sabido hacer ni un puto huevo frito, decidí buscarme un secretario o secretaria para que me llevase los papeles, la limpieza, las pocas llamadas y las menos visitas que me llegaban. Puse un anuncio en el *Daily Comet*, solicitando gente para una entrevista de trabajo y me senté a esperar. Tres días después recibí las llamadas de dos individuos mostrando cierto interés en mi oferta.

El primero que llegó era «un figura» que podía pesar alrededor de ciento quince kilos. Se me presentó con una camiseta de los Rolling que no podía contener su inmensa barriga ni con los labios del Jagger. Tenía unos cincuenta años, olía a ajo y a una mezcla extraña entre curry y sudor reseco y rancio. Yo no era un dechado de limpieza y aseo, pero aquello tiraba por tierra mis aspiraciones de batir el récord. Desde luego, tampoco era tan inocente como para creer que iba a venir una modelo a la entrevista, no esperaba ver entrar ni a Beyoncé ni a Scarlett Johansson, pero tampoco a ese ser deplorable que asustaría hasta al mismísimo Octavo pasajero. Le dije que me quedaba con su nombre y dirección por si, finalmente, resultaba elegido. Lo que no le dije es que el papel donde lo había escrito lo iba a utilizar para limpiarme el culo. Le invité, con toda la amabilidad que me fue posible, a que esperara mi llamada.

Media hora después de que el primer aspirante se marchara con viento fresco a que le dieran por el saco, volvió a sonar el timbre de la puerta.

La primera impresión que me dio fue que debía haberse equivocado. Después de ver al esperpento anterior, me encontré con una verdadera joya. Era un joven que debía rondar los veinte años, de alrededor de un metro setenta de altura, un poco más bajo que yo, delgado, con el pelo negro y bien peinado, cara imberbe y ojos tristes. Vestido con gusto, sobre todo en la combinación de colores y tejidos. Llevaba unas zapatillas deportivas y unos vaqueros limpios, una camisa de cuadros y un jersey azul claro que se anudada sobre los hombros.

–¿Sí? –pregunté pensando que era un vecino que venía a pedir algo que se le había acabado de la despensa.

–Me llamo Nicholas Matrie –me respondió–. Vengo por la oferta de trabajo. ¿Es aquí?

–Sí... sí, pasa y te comentaré las condiciones, por si te interesan.

–Gracias –me respondió y entró al despacho por primera vez.

La entrevista fue distendida. Yo no tenía mucho que ofrecerle, ya que no es un trabajo donde haya unos ingresos fijos ni abundantes, por lo que tampoco podía prometerle un sueldo estable. Sin embargo, le aseguré que, de lo que yo pudiese ganar, le daría una parte importante. La verdad es que, aunque lo parezca, nunca me ha importado mucho el dinero por sí mismo y estoy acostumbrado a vivir con poco. Ya no pretendía hacerme rico a los cuarenta y pico años cuando nunca antes había tenido un maldito centavo.

Por mi parte, el chaval me convencía. Era aseado, se le veía culto y con buena presencia. Sabía estar y se podía mantener una conversación inteligente con él, algo bastante inusual en el ambiente en que me había estado moviendo los últimos años. Incluso, como era bastante guapo, pensé que podría atraer a tías buenas.

Él también se mostró dispuesto a trabajar conmigo. Tal vez, imaginé, su situación no era muy boyante y no podía ir por ahí despreciando los trabajos que le surgían, no todo es el físico.

Acordamos empezar al día siguiente y que le pondría al tanto sobre la marcha de los asuntos que estaba llevando, labor bastante sencilla, porque en esos momentos no tenía ninguno. No era demasiado complicado llevar el archivo al día, sencillamente porque no lo había, y la limpieza necesaria tampoco se hacía muy difícil de explicar que digamos. En fin, que, con decirle el número de teléfono de la oficina, que ya debía conocer, y el número de mi móvil, ya tenía de sobra para comenzar.

El tipo era perfecto, sí, desde luego, quizá demasiado. El único problema que tenía el chaval y del que me di cuenta en los primeros minutos de la entrevista, consistía en que le gustaban a rabiar los palotes. Es decir, era homosexual, un maricón con todas las letras. De los que les gusta que les den por el culo a todas horas. Vamos, un mariconazo de nacimiento y, además, lo reconocía con orgullo. Yo ya sabía que en esta vida no hay nada, ni mucho menos, perfecto. Estaba seguro que era lo mejor que podía encontrar y, como yo tampoco iba a acostarme con él, me decidí a contratarlo sin pensarlo dos veces. Que hiciera lo que le diera la gana con su vida y sus inclinaciones sexuales. Ese era su problema, no el mío.

Se despidió hasta el día siguiente, como habíamos acordado. Me dijo que tenía que arreglar unos asuntos y que llegaría sobre las nueve de la mañana, si me parecía bien. Antes de cerrar la puerta me lanzó una mirada acompañada de una sonrisa pícara que me dejó aturdido el resto de la jornada. Por un momento me pregunté si había hecho bien en contratarle, pero intenté no darle más vueltas. Ya estaba acordado y decidido, y yo soy un hombre de palabra.

Nicholas me comentó que tenía veinte años y que desde hacía dos llevaba el cuerpo totalmente depilado. Solo le quedaba de pelo el de la cabeza y el de las cejas, que enmarcaban unos ojos de color marrón miel. ¿Qué me interesaría a mí si se afeitaba o no los pelos del culo? Como ya he dicho, era educado y culto, más de lo que yo, prácticamente un carcamal de casi cincuenta años, llegaría a serlo nunca. Cualquier mujer, soltera o casada, hubiera pagado por acostarse con él sin dudarlo un momento. Una pena para el mundo, y más que nada para las tías, que fuera gay. Pero, de momento, no tenía nada mejor a mano. Y si esperaba que llegase algún nuevo aspirante al trabajo podía, tranquilamente, hacerlo sentado.

El chaval se amoldó enseguida a mis necesidades. El primer día ya limpió a fondo mi despacho y el resto de la oficina, arregló algunos papeles y anotó en una agenda todos los contactos que tenía. Encendió un viejo ordenador que descansaba el sueño de los justos desde ni me acordaba cuando, y para mi sorpresa, ¡funcionó!

–Vamos a necesitar una conexión a Internet –me dijo mientras le miraba atónito y sin acabar de entender lo que me había dicho. Sabía lo que era Internet, claro, pero no para qué coño lo necesitábamos.

–¿Para? –le pregunté.

–Hoy en día Internet es la mayor fuente de información que existe. Es una herramienta fundamental para cualquier cosa que pretendamos conseguir. Datos, direcciones, mapas, archivos... todo.

–Está bien –consentí–. Encárgate de buscar lo que creas necesario, pero que sea algo barato.

Tres días más tarde ya estábamos conectados a la red, aunque yo no acababa de verle mucha necesidad ni sentido. Pero he de reconocer que Nicholas le daba vida al trabajo. Siempre parecía que tenía algo entre manos y, cuando no, estoy seguro de que se lo inventaba.

Durante los primeros meses la cosa fue bastante bien, aunque tuve que decirle en más de una ocasión que dejara de insinuarse como si fuera una secretaria salida. No podía aguantar sus miradas y sus gestos, siempre buscando la provocación. Como he dicho, desde el primer día que le contraté le consideré una gran persona, casi un santo. Tenía que aguantar mis desplantes y mis borracheras con total estoicismo. Esperaba el sueldo del mes con paciencia franciscana y, además, estaba dotado con un especial instinto que me ayudaba, más de lo que él creía y sabía, en la resolución de los pocos casos que nos llegaban. Ante esos méritos no podía más que aguantar sus mariconadas, apretar los dientes y contar hasta cien, para ver si se me pasaban las ganas que me daban de darle de hostias.

En alguna ocasión, incluso, llegué a tener encontronazos con su forma de ser y de actuar, alguno de ellos prefiero no recordarlos. Mi principal vicio era la bebida, día sí y el otro también. Permanecía más tiempo borracho que sobrio, creo que así alejaba a los fantasmas que me acechaban, aunque a estas alturas no necesito excusas. Nicholas tenía sus propios vicios y sus propios fantasmas. Siempre me decía a mí mismo que cada uno es como es y, para bien o para mal, tenía que aceptarlo así. Si era maricón pues lo era, ¡qué coño!

Entonces no podía sospechar cuánto iban a cambiar las cosas.

IV

PEQUEÑAS ESPERANZAS

> Voy a dar un paseo afuera./Estoy rodeado de unos niños jugando./Puedo sentir su risa./Entonces, ¿por qué me marchito?/Oh, y pensamientos retorcidos que giran alrededor de mi cabeza./Estoy girando, oh, estoy girando./¿Cuán rápido el Sol puede caer?/Y ahora mis amargas manos,/cuna de cristal roto.
>
> *Black*, Pearl Jam

Los días transcurrían, por lo general, bastante anodinos. En tres meses solo nos entró un caso de un fulano que sospechaba de las salidas a reuniones de trabajo de su mujer. Él estaba en paro desde hacía un año y ella era una ejecutiva comercial de una empresa de cosméticos. Viendo la foto de la señora, pensé que sin duda se la estaba pegando, ya que la tía estaba buena de verdad. Supuse que algún compañero del curro se la estaba haciendo día sí y día también. Ella, guapa y triunfando en el trabajo. Él, un perdedor venido a menos, casi calvo y con la personalidad de una ameba. Esperaba verle crecer, de un momento a otro, una enorme cornamenta saliendo de su frente despejada. Sin embargo, Nicholas me dijo, en uno de sus intuitivos comentarios, que algo le decía que no era como yo pensaba. Después de seguir a la mujer durante un mes, concluí que el jodido llevaba razón, Nicholas tenía la maldita intuición de una golfa reprimida.

La mujer a la que estaba investigando era una esposa modélica. Trabajaba de sol a sol y la relación que tenía con sus compañeros era puramente profesional, lo cual no dejaba de extrañarme, ya que cualquiera de ellos valía diez veces más que su desconfiado marido. Pero lo más alucinante fue que un día pillé al hombre liado con una jovencita con visos de anorexia. El muy cabrón me dijo que estaba muy solo y que yo, como tío que era, lo entendería perfectamente. Le respondí que me pagara el dinero acordado y que dejaba el caso desde ese instante. Antes de irme le dije que sí, que mi investigación había tenido resultados y que, efectivamente, su mujer le estaba poniendo los cuernos, no con uno sino con dos compañeros del trabajo, uno joven y el otro de mi edad. El muy cerdo se echó a llorar allí mismo, delante de mí y de la fulana. A pesar de todo me dio pena y no quise inventarme detalles escabrosos que podrían haberlo dejado aún más jodido.

Después de ese caso estuvimos varias semanas que, perfectamente, podríamos haber cerrado el kiosco y habernos largado de vacaciones. Pero, como la vida me había mostrado en diversas ocasiones, cuando todo parece más calmado es cuando se avecina una mayor tormenta, normalmente de la hostia.

Recuerdo a la perfección la mañana de aquel día; era como si el cielo se hubiese envuelto en una manta gris y roída. El sol solo era una leve claridad triste y apagada. Nicholas Matrie entró en el despacho bastante agitado. Pero lo hizo como siempre, con una asquerosa sonrisa de puta mostrando sus dientes blancos y alineados con escuadra y, también como siempre, se me quedó mirando mientras pasaba su mano lentamente por sus pezones que resaltaban en la camiseta ajustada y blanca, con un dibujo esquemático que representaba a ese cantante de los Queen que palmó de sida. En los últimos tiempos, el marica, había cogido una confianza pasmosa, de esas que dan asco.

–¿Sí? –le dije de forma escueta sin mirarle siquiera. Le jodía un huevo que le ignorase de esa forma.

–Ya sabes, jefe, que en cualquier momento que desees me tienes a tu completa y total disposición.

–Eres lo más guarro que me ha pasado en toda mi vida –le respondí con fingido desprecio.

–Creo que en el fondo te pongo cachondo –me miró con cara de cordero degollado–, si no, recuerda lo del otro día.

–Tuviste mucha suerte –le repliqué a punto de enfadarme de verdad.

Hacía referencia a lo ocurrido unas dos semanas atrás. Había llegado al despacho pasadas las diez de la mañana, con varios tragos de whisky de más en el cuerpo y el sueño arrastrado de dos días en los que apenas había dormido unas escasas e inquietas horas. Me senté, dejándome caer sobre la silla del despacho, soportando la cabeza que amenazaba con estrellarse sobre la mesa si no la sujetaba entre mis manos. Ante mí, sobre el escritorio, unos pocos folios cargados de informes me parecían *La Biblia*: papel fino, letras pequeñas, textos a dos columnas; en definitiva, un verdadero infierno. No lograba, por mucho que me esforzaba en ello, centrar mi vista en las palabras, y qué decir de conseguir leer una frase con un poco de coherencia; incluso llegué a dar una cabezada contra el escritorio. Entonces, sin llamar a la puerta, como es su costumbre, entró Nicholas. Más lozano y dicharachero, si eso era posible, que en otras ocasiones y, sin mirarme apenas, empezó a poner encima de la mesa una cantidad ingente de fotos de jovencitas que, según creí entender entre las brumas que atenazaban mi conciencia, habían desaparecido en cuestión del breve plazo de unos meses.

No puedo decir cuál fue el verdadero motivo, quizá las fotos de las chicas que yo, en mi penoso estado, idealizaba. Tal vez el alcohol que danzaba en mis venas, quizá el mismo sueño que cada vez me dominaba más. Fuera lo que fuere, comencé a notar una sensación de calor dulce y reconfortante que parecía mecer mis testículos como si fueran anidados entre nubes. Después sentí cómo llegaba una incontenible erección. Tampoco puedo decir cómo Nicholas se dio cuenta de ello. Sé que, a veces, sentado enfrente de mí, solía mirar mi bulto al tiempo que se mordisqueaba los labios. Seguro que en esa ocasión ocurrió lo mismo, pero, llevado por un impulso irresistible para él, se lanzó a mi entrepierna.

Con pasmosa habilidad propia de un malabarista o mejor un prestidigitador experto, me desabrochó el pantalón y bajó la bragueta. En esos momentos, cuando me di cuenta de lo que estaba sucediendo, tuve varias opciones: dejar que me la chupara, o darle un puñetazo y romperle la nariz, además de arrancarle varios dientes, o propinarle un guantazo en toda la cara. Por suerte para él, elegí la tercera opción. Con la hostia que le di se levantó a punto de romper a llorar como una puta. Se enfadó y, acariciándose la mejilla herida, se dio la vuelta y se marchó de mi despacho.

–¡Como vuelvas a intentar hacer eso de nuevo, te pongo de patitas en la calle! –atiné a gritarle mientras él se iba y yo me abrochaba los pantalones.

–¡No voy a volver, so cabrón! –me respondió–. Eres un hijo de puta. Ya vendrás a que te la chupe, ya. ¡Entonces te van a dar por el culo!

Cerró la puerta con todas sus fuerzas, que no eran muchas, y se marchó. A los dos días lo tenía de vuelta, sentado en su mesa de secretario con la cara más larga que le recuerdo. Dos días más tarde ya me hablaba. Pasados otros dos volvía a mirarme el paquete con descaro. Era un incorregible.

–Aquel día –le dije volviendo a la conversación–. Tuve que elegir entre darte un puñetazo o solo una bofetada. Fue tu día de suerte –obviamente le oculté la otra opción.

–O el tuyo –me replicó con una mezcla de gracia, ironía, picardía e incluso de sabiduría.

–Bien, vale, ya está bien de mariconadas, joder –atajé–. ¿Qué tenemos hoy?

–Pues está relacionado con lo del otro día.

–¿Qué día? –le pregunté.

–¿Qué día va a ser? Pues cuando casi te la chupé.

–¡Ya empezamos otra vez!

–No es eso. No tiene nada que ver con nuestra agradable experiencia. Bueno, fue agradable hasta lo de la hostia –me decía esto mientras se acariciaba la mejilla que parecía dolerle cada vez que recordaba el golpe–. Se trata de las fotos de las jóvenes desaparecidas que te enseñé. Pero estabas tan sumamente borracho que ni te enteraste.

–Sí que me enteré. Pero ¿qué coño querías que hiciera yo? Sabes que si no tenemos clientes que nos paguen no movemos el culo de nuestros asientos.

–Ya, pero también sabes bien que tengo una intuición casi femenina –decía la verdad, ya que ese era uno de los motivos por los que lo mantenía contratado–, es como un sexto sentido, y ya sabes que pocas veces me falla.

–Suéltalo ya, que pareces un culebrón de la tele.

–Pues mira, ahí fuera, en nuestra desvencijada y miserable sala de espera a pesar de mis esfuerzos, tenemos a una mujer muy nerviosa que dice que su hija ha desaparecido y, fíjate, quiere contratarte para que la localices.

–Eso es interesante. Aparte de ser un puto guarro, tengo que reconocer que eres intuitivo, o tienes la suerte de los maricones, una de dos.

–La voy a hacer pasar antes de que se canse de esperar y se largue a buscar otro detective más competente y sensato.

–Claro que sí, ya estás tardando. Estos asuntos requieren la máxima premura –le dije apremiándole.

–Voy enseguida, Áureo.

–No me llames Áureo –le atajé–. O me llamas Kavanac o jefe, pero Áureo no. Sabes que no me gusta la manera en que lo pronuncias. Me saca de mis casillas esa voz de marica reprimido que pones.

–Como quieras –me respondió mientras me sacaba la lengua y volvía a estirarse un pezón. ¡Joder!, le hubiera dado de hostias allí mismo. Lo que tenía que aguantar con el puto chaval.

Nicholas se fue hacia la puerta para avisar a la mujer. Antes se giró de nuevo hacia mí y me dijo con un tono de voz bastante despreciativo.

–Por cierto, es muy guapa.

V

EL PRECIO DE MI ALMA

No me vas a romper./No me llevarás./Lucharé contigo bajo/cielos rojo sangre
Blood Red Skies, Judas Priest

Sí, no cabía duda alguna, era total y visiblemente cierto; la mujer cargaba con una belleza difícil de soportar. Saltaba a la vista que el jodido Nicholas no se equivocaba y que, a pesar de ser un maricón de pleno derecho y convencimiento, tenía buen gusto con las mujeres. En general los maricones tienen muy buen gusto con todo, si bien a este le fallaba su inclinación impropia y deshonrosa hacia mi persona. Quizá era eso de la dependencia del jefe, el síndrome de Estocolmo, o de Estrasburgo, o algo así. Aunque en este caso concreto no hacía falta ser un salido para apreciar el buen vino que entraba por la puerta. Era a principios de agosto y podía sentir el sudor recorrer mi espalda. Estaba siendo un verano caluroso y húmedo, donde las moscas y los mosquitos campaban a sus anchas surgiendo, por miles, de las aguas estancadas del río Mississipi y del lago Pontchartrain. Sin embargo, cuando la pude ver, moviéndose hacia mí como una diosa pagana, creí que me quedaba congelado allí mismo.

–Por favor, siéntese –le dije mientras me levantaba para recibirla de la forma más educada con la que pude actuar. No era lo mío, pero lo intenté de verdad.

–Gracias –me respondió–. Me llamo Moira Dago. Creo que su secretario le habrá informado de qué...

–Claro, señora Dago –la interrumpí, dándomelas de profesional–. Por eso prefiero que no pierda tiempo dándome explicaciones y vaya directamente al grano. La desaparición de una persona requiere que nos movamos deprisa, y si es una joven, más todavía. Cada minuto es importante y puede ser vital. Supongo que ha acudido ya a la policía, ¿no?

–Me han dicho que tienen que esperar cuarenta y ocho horas –me respondió–, pero yo no estoy dispuesta a hacerlo, como puede imaginar. Mi hija no ha estado ni una noche fuera de casa, nunca.

–¿Sabe si estaba saliendo con algún chico? –le pregunté–, ¿algún compañero, algún amigo?

–Tiene amigos y amigas, pero siempre van juntos. Ayer quedó con ellos, pero no apareció. A las pocas horas vinieron preguntando por ella dos de sus mejores amigas. Estoy segura de que le ha pasado algo. Ya le digo, jamás se había ausentado una sola noche.

–Deme algunas fotos de su hija. Voy a necesitar varias, con diferente ropa y diferentes peinados, si es que suele cambiar de imagen. Ya sabe, a los jóvenes les gusta llamar la atención de una manera u otra. Pero todas las fotos tienen que ser actuales. Yo haré copias para distribuirlas por mis círculos de información. ¿Cómo se llama la chica?

–Vanessa Dago

–¿Y el padre?

–Estoy divorciada –me respondió–. Vanessa optó por mantener mi apellido.

–No le he preguntado eso –intenté de nuevo aparentar profesionalidad.

–Está viviendo en Florida –dijo–. Se ha vuelto a casar.

–Perdone mi rudeza. En muchos casos, no sabe usted cuántos, suelen ser personas cercanas a la víctima, amigos íntimos, primos, tíos, incluso hermanos, los causantes del crimen o de la desaparición, y demasiadas veces son los propios padres. Generalmente son envidias, celos, deseos ocultos y reprimidos, también la venganza por despecho. Uno de los mayores daños que se puede ocasionar a la persona que se odia, es maltratar a sus seres queridos. El dolor que una madre puede sentir ante la perdida de un hijo, es el sufrimiento más grande que le puede ocasionar un marido que esté a reventar de odio. Es la más cruel de las venganzas.

En ese momento descubrí a Nicholas espiándonos desde la puerta. El mamón no podía evitar ser un cotilla celoso de primer orden. No le hice más caso y continué con las preguntas a la desconsolada madre.

–¿Qué edad tiene la niña?

–Diecisiete años –me respondió enseguida. Mala edad, pensé para mis adentros, muy mala, pero no se lo confesé a la mujer.

–Necesito que me dé el itinerario exacto desde su casa hasta el lugar donde había quedado con sus amistades, amigas y amigos –puntualicé conscientemente–. También necesito el nombre de cada uno de ellos, así como las direcciones de todos, por si requiero hablar con ellos, que seguramente será que sí. Quiero conocer las aficiones de Vanessa, sus gustos musicales, qué películas son las que ve en el cine y en casa, el nombre del instituto y todos los horarios de las clases. Quiero saber qué programas de televisión le gustan, cuáles son sus actores favoritos y los libros que lee.

–Sí, sí –la pobre mujer asentía como un autómata–. Le proporcionaré todo lo que me pide y más.

–Perdone mi insistencia, sé que son momentos terribles y que parece que quiera invadir su intimidad y la de su hija, pidiendo detalles que aparentemente quizá no sean importantes. Pero, entiéndame, cualquier cosa, le repito, cualquier detalle, por insignificante que parezca, puede ser una pista. Algo que crea que no es significativo, puede ser lo que nos ponga en el buen camino para resolver este asunto.

–No se preocupe, lo entiendo perfectamente. Es más, tampoco quiero muestras de piedad o delicadeza, tiene que hacer su trabajo y lo más importante es mi hija, no mi sensibilidad.

–No le aseguro nada. Hoy en día nadie puede hacerlo. Por otro lado, necesito un anticipo del que le informará Nicholas, mi secretario, pero si no consigo resolver el caso, de una forma u otra –la mujer se estremeció de repente ante la perspectiva de mis últimas palabras–, le devolveré todo el dinero.

–Si esto sale bien, le daré todo el dinero que me pida, eso no es problema. Si sale mal –guardó silencio unos segundos–, tampoco quiero el dinero para nada. Podrá quedárselo igualmente.

–Las normas son...

–No me importan las normas –me interrumpió–. Ya le he dicho que puede quedarse todo el dinero.

Tendió ante mí un pequeño plano de la ciudad. En él estaba marcada una línea azul que recorría varias calles que yo conocía a la perfección. La línea se giraba y torcía entre Iberville y Decaur, pasando por Bourbon y Royal, mientras avanzaba hasta Ursulines, donde finalizaba abruptamente.

–Muy bien –le dije, sin quitar la mirada del mapa–. Para empezar, está bien. Haremos una inspección ocular de todo el recorrido e indagaremos por si alguien la ha visto o puede darnos alguna pista.

–Haga todo lo que pueda –me rogó.

–Siempre lo hago, puede estar segura de ello. Soy un profesional y me muevo más por entusiasmo que por dinero. Mi mayor deseo es resolver los casos y siempre ruego porque tengan un final feliz.

–Entonces, si no precisa nada más de mí –se levantó y me tendió la mano–, voy a continuar presionando a la policía.

–Por supuesto, intente que esos vagos chupatintas muevan sus gordos traseros de las poltronas y se dejen de burocracias, papeleos y normas estúpidas. Como le he dicho, cada minuto que pasa puede ser vital.

–Cuando tenga algún dato, por pequeño que sea, por favor dígamelo.

–Buenas tardes, señora Dago. Estaré continuamente en contacto con usted.

La mujer se dio la vuelta y salió del despacho como una diosa. Rondaba los cuarenta y cinco años, pero conservaba una figura de curvas vertiginosas. Su culo se movía de un lado a otro, manteniendo el equilibrio sobre unos tacones que alargaban sus piernas hasta el infinito. La falda de tubo y su cintura de avispa exaltaban aún más sus poderosas nalgas. Durante toda la conversación había evitado, por educación, mirar sus pechos, pero no puede dejar de imaginarlos como dos colinas. Delimitaban un valle en el que se podía hacer realidad el sueño de muchos hombres. Por un momento me imaginé a mí mismo besando aquellos labios trémulos mientras magreaba los pechos sin contemplaciones, pero entonces, el maricón de mi secretario rompió la magia del instante.

–¿Qué, jefe, está buena o qué? –me preguntó apretándose el pecho y sacando lascivo la lengua.

–Eres un jodido mamón. Tienes tu mente pervertida repleta de las mismas ideas retorcidas. Para ti todo es sexo.

–Ya, claro ¿Me quieres decir que para ti no? Sé exactamente lo que estabas pensando cuando he entrado. Te la estabas follando con la imaginación, ¿o te crees que soy idiota y me chupo el dedo?

–Lo que quieres chupar es otra cosa.

–Bien lo sabes.

–Recuerda lo que te dije: una vez más y no vuelves a verme en tu puta vida. Ahora quiero que nos dejemos de mariconadas y nos pongamos a trabajar. Son muchas las chicas que han desaparecido y, ni un solo caso ha sido resuelto, es preocupante.

–Es cierto, jefe.

–Quiero que me hagas un listado de todas las posibles sectas y grupos de la zona, si hay santones o yoguis; de cada casa donde se pueda llevar a cabo un ritual, de cada iglesia, de cualquier agrupación sospechosa, sea religiosa, laica, altruista o sin ánimo de lucro; asociaciones culturales, escuelas de ballet y hasta los grupos de *boys scouts*; en estos siempre hay un montón de pervertidos. Tantas jóvenes... Es difícil de entender. ¿Cuántas son en total?

–Si contamos a esta, trece.

–¡Joder! –casi grité–. ¿Y qué coño hace la policía?

–La policía hace su trabajo. Pero es una forma de trabajar diferente a la nuestra. Ellos no pueden ni deben actuar por libre, si no siguiendo un método y sin salirse de las normas.

–Vaya, no me digas, parece que lo sabes todo. Lo que pasa es que la pasma se toca los huevos más que nosotros, créeme. Bueno, a lo que íbamos. No parece que se trate de un asesino en serie, son demasiadas y en muy poco tiempo. Hay algo más. Huele a secta, tal vez trata de blancas, un negocio que mueve grandes cantidades de pasta. Deben de ser más de uno. Varios degenerados actuando a la vez y coordinados, siguiendo un macabro y premeditado plan.

–A mí también me da ese olor, y sabes que tengo buen olfato.

–Voy a dejarme la piel en este caso. Voy a resolverlo como sea. Esa mujer conocerá de una manera u otra lo que le ha sucedido a su hija y juro que sabrá si está viva o muerta.

–No sé si el repentino interés inusitado que muestras es por las chicas desaparecidas o por la aparición celestial –para ti desde luego– de la señora Moira Dago.

–Piensa lo que quieras. No me importa una mierda tu opinión.

–Bueno, te concedo que haya un poco de ambas cosas. En el fondo no eres el degenerado alcohólico que pareces. Muy en el fondo, claro.

–Aquí el único degenerado eres tú –le repliqué–. Son trece chicas cuyo paradero es desconocido, demasiadas incluso para esta maldita ciudad.

–La policía debe hacer su trabajo en silencio –me dijo–. Tal vez el caso quede resuelto antes de que muevas un dedo.

–De cualquier manera, da igual, yo no voy a esperar ni un segundo más.

VI

LÁGRIMAS DE LLUVIA

Si sigue lloviendo,/el dique se romperá./Si sigue lloviendo/el dique se romperá/Cuando se rompa el dique,/no tendré lugar donde quedarme./El miserable dique/me enseñó a llorar y gemir.

Cuando se rompa el dique, Led Zeppelin

Una de las primeras normas que le comenté a Nicholas cuando empezó a trabajar conmigo fue que no movíamos el culo si no era por dinero. Le indiqué claramente que no éramos unas hermanitas de la caridad. Entonces, me pregunto yo, ¿por qué cojones soy el primero en no hacer ni puto caso de las normas y las reglas que yo mismo impongo? Por un lado, obviamente soy el jefe, y por esa sencilla razón puedo hacer lo que me venga en gana, pero por otro, si yo mismo lo digo es por algo y no debería olvidarlo en ningún momento, por muy amo y señor que sea de la jodida agencia.

A pesar de todo ello, le pedí a Nicholas que me localizara el nombre y la dirección de alguna de las chicas desaparecidas. En el fondo, la única razón era mi interés sobre la información que me pudieran dar para ayudarme a resolver el caso que tenía entre manos, pero sabía que no debía involucrarme con terceras personas implicadas en las desapariciones. Era como coger al mismo tiempo dos clientes para el mismo caso, pero uno de ellos gratis. Las cosas no funcionan así, por lo menos no desde mi experiencia.

Al cabo de una hora entró Nicholas con un sobre. Siempre le gustaba llevarlo todo en sobres, daba mucha imagen, según decía, y en su interior la foto de una de las chicas con un papel en el que estaba escrita la dirección donde podría contactar con algún familiar e intentar sacar alguna información. Esperaba no comprometerme a nada más.

–Aquí tienes lo que me has pedido –me dijo Nicholas–. Puedo buscarte alguna más si te interesa.

–No, con esta será suficiente.

–Creo que no te va a servir de mucha ayuda.

–Es posible, además, no me gusta involucrarme con otras personas afectadas, pero quizá consiga atar algunos cabos. Nunca se sabe.

–No pierdas mucho tiempo –me aconsejó–. Si no ves claro el tema, déjalo pasar.

–Así lo haré, descuida.

Me dio una dirección en el barrio de Treme, un barrio de los más pobres de la ciudad, habitado por gente trabajadora y músicos callejeros. La zona entera da un poco de grima, pero, a pesar de todo, es considerada como el corazón cultural, la parte más auténtica de Nueva Orleans, todo un sistema que engloba tradiciones hispanas, francesas, caribeñas, africanas. El Mardi Gras adecentado de *Rythm&blues*, *Swing*, *Soul* y, por supuesto, *Jazz*, siempre presente.

Cogí el sobre con la foto y la dirección y me largué de la oficina que, ese día, me estaba resultando demasiado oprimente. Era una sensación que me ocurría a veces, como si las paredes se vinieran sobre mí y me faltara el aire. Cuando me pasaba, necesitaba salir y deambular unas horas por las calles. Perderme por lugares que no conocía o por aquellos a los que hacía tiempo que no iba. Ese día tuve la excusa perfecta.

Opté por ir caminando. No me apetecía entrar en un autobús o tranvía repletos de gente y de olores, tampoco me venía bien, como la mayoría de las veces, gastarme dinero en un taxi. La calle no estaba demasiado lejos, apenas un paseo de treinta o cuarenta minutos, suficientes para aburrirme, meditar un poco y detenerme en alguna barra a tomar un trago para librarme del aburrimiento y de las meditaciones.

Cuando llegué me encontré con un edificio típico de los años setenta, sin ningún tipo de sentido estético. Pensado y construido para que realizase las funciones de una colmena. Largos pasillos que daban a un patio interior y cada dos metros marcados con las puertas de las viviendas, que bien podrían compararse con los nichos de un cementerio. Habitáculos pensados para poco más que tener un lugar donde dormir y comer. Cada puerta daba paso a un pequeño y funcional apartamento de apenas unos cuarenta metros cuadrados, tal vez menos. En alguna ocasión había visto algunos de estructura similar. Por suerte, este tipo de edificios murió con la década que los vio nacer. Viviendo en ellos uno se sentía como una hormiga, como un miserable esclavo. Creo que por eso estaban hechos así, para que los inquilinos se hicieran a la idea.

Busqué el nombre en los buzones. Nicholas lo había apuntado en una tarjeta. Una tal Estella Corben, que, parece ser, era la abuela o quizá una tía de la joven desaparecida cuya foto tenía en mis manos, una chica negra de diecisiete años, de nombre Rose. Miré su rostro, lleno de vida, incluso en el sufrido papel se podía notar el brillo de los ojos de aquella joven, ansiosos de sueños. Era el cuarto piso, sin ascensor, por cierto; el número 423, lo que daba una idea de lo abigarrado que era aquel lugar. Lo dicho: una jodida colmena.

Al fin llegué a la puerta. Tuve que esperar unos segundos para recuperar un poco el resuello. Había sufrido una mala noche y me estaba pasando factura. Llamé al timbre. Al momento escuché los pasos de alguien que se acercaba. La puerta quedó entreabierta, sujeta por una irrisoria cadena, digo lo de irrisoria, porque si alguien podía llegar a pensar que la cadenita iba a servir para algo, sobre todo para la función que había sido creada, iba apañado.

–Estoy buscando a Estella Corben, ¿es usted? –pregunté.

–Soy yo –me dijo a través de la puerta medio abierta–. ¿Qué es lo que quiere?

Me encontré con una anciana de color, con el pelo blanco como si fuera de hebras de plata anudado en un moño. A pesar de la poca luz me dio la impresión de que la mujer no veía bien, entornaba los ojos como intentado centrar una imagen borrosa. Luego me di cuenta de que, en realidad, veía menos que un murciélago.

–He venido para hacerle unas preguntas –le dije imprimiendo en mi voz toda la dulzura y encanto del que fui capaz–, sobre la desaparición de Rose...

–Rose es mi nieta. ¿Sabe algo de ella? ¿Han averiguado algo?

–No, por el momento –intenté explicarme midiendo las palabras para no asustarla–. Por eso quiero hacerle unas pocas preguntas, por si con su información consigo algún dato o pista, que me pueda ayudar a encontrarla.

–¿Es usted de la policía? Desde que puse la denuncia no me han dicho nada. No sé nada de nada.

–No, no vengo de la policía, soy detective privado.

–Pero yo no he contratado a ningún detective.

–Lo sé. Sin embargo, tengo que decirle que su nieta, Rose, no es la única joven que ha desaparecido. En muy poco tiempo han sido trece las chicas cuya desaparición ha sido denunciada y por lo que parece no hay nada todavía que nos pueda llevar a saber qué ha pasado.

–¡Dios santo, trece niñas! –exclamó la mujer, y al momento guardó un sepulcral silencio. Esperé unos segundos y hablé.

–Entonces –insistí – ¿No ha recibido alguna noticia por parte de la policía?

–No me han dicho nada todavía, pero ha pasado poco tiempo, aunque para mí ya es una eternidad.

–¿Podría dedicarme unos minutos? –continuábamos hablando uno a cada lado de la puerta–. No quiero molestarla –repetí mi argumentación–, pero tal vez me pueda dar alguna pista que me pueda llevar a localizar a la hija de mi cliente.

–¿Su cliente? –me preguntó.

En ese momento me di cuenta de que le había dado la impresión de que solo me interesaba la otra chica. Lo cual, por otro lado, era cierto. Quise que me tragara la tierra, pero intenté capear la metedura de pata como pude, no fuese que me diera con la puerta en las narices. Aunque tampoco me importaba demasiado. Si lo hubiera hecho, me habría largado sin más y, a otra cosa mariposa.

–Sí, una mujer me ha contratado –le expliqué–, pero tengo que decirle que estoy seguro que, donde se encuentre la otra chica desaparecida, también estará su nieta.

–No tiene que violentarse, lo entiendo perfectamente – me dijo mientras cerraba un poco la puerta y soltaba la irrisoria cadena–. Pase y le prepararé un café.

–No se moleste, le agradezco el café, pero apenas le robaré unos minutos.

–A mi edad unos minutos, o unas horas, o unos días ya no significan nada. Cuando una persona es octogenaria, solo importa la soledad y yo estoy, desde que desapareció Rose, más sola que nunca. La extrema soledad es peor que la muerte. Así que un poco de compañía no me vendrá mal.

Era una casa muy pequeña, como ya suponía, apenas un apartamento. La entrada daba directamente a un pequeño salón que hacía de sala de estar y comedor. En un lado, una puerta dejaba entrever el dormitorio y tras el salón pude ver la cocina, donde la mujer había entrado para prepararme el café, tanteando un poco las paredes, que debía conocerse de memoria. En otro lado se encontraba un cuarto de baño y al fondo un balconcito que daba al patio interior donde podía tender la ropa.

Me senté junto a una mesa redonda decorada con un tapete de lana. La habitación tenía pocos muebles, pero todos bastante antiguos. Lógicamente de los tiempos en que la mujer fue joven. No pude evitar imaginar el momento en el que, quizá acompañada de su novio o su marido, había ido a comprarlos y los sueños que habrían tejido alrededor de ellos y de su significado. Pero ahora, viéndolos, solo me trasmitían una cierta melancolía, como había dicho la mujer que ella se sentía en esos momentos, llena de tristeza. Los muebles también exhalaban una profunda soledad.

Estella Corben salió de la cocina con una bandeja entre sus manos en la que descansaban dos tazas de café. Me levanté para ayudarla y la cogí con suavidad del brazo, dirigiéndola hacia la mesa.

–Gracias, joven –me dijo–, pero no es necesario. Bueno, no del todo.

–Permítame –le cogí la bandeja y la deposité sobre la mesa. Después ambos nos sentamos.

–Hace mucho tiempo que no la veo –dijo sin más–. Han pasado muchos años.

–¿Muchos años? –pregunté extrañado.

–Sí, muchos –me respondió.

–No lo acabo de entender –continué.

–¡Ah, claro! Perdóneme. No me refería a Rose, sino a mi hija. Se marchó cuando nació Rose. Su vida estaba rota por las drogas y cuando vio el rostro de la niña no debió soportarlo y se marchó sin decir nada. Han pasado dieciocho años y nunca he sabido nada de ella.

–Lo siento –le dije con torpeza.

–Se fue, pero me dejó a la pequeña Rose. Me quitó una parte de mi vida, pero me regaló otra, tal vez mejor, pues Rose era un sueño, toda vitalidad y alegría, y ahora –las palabras murieron en la garganta de la mujer–, ahora no tengo nada. El mundo es muy cruel, demasiado. Qué satisfacción puede haber en que una anciana, en sus últimos días, sea más desgraciada de lo que nunca ha sido. ¿Quién puede desear que sufra así?

–No sé qué decir.

–No se puede decir nada, lo sé. Cuando se fue mi hija –continuó– en cierta manera también fue un alivio. Está mal que lo diga, pero así fue. Yo sabía que, de una manera u otra, había sido ella la que eligió su propia vida, su camino. Condicionada por errores y malas influencias, por el destino que tenía guardado, pero fue su elección. Y siento que, en algún lugar, tal vez lejos, quizá cerca, ella sigue viva. Recordando a su hija, a la que no vio crecer, a la que abandonó consciente de que era lo mejor para la pequeña. Su mayor sacrificio, su mayor dolor, pues no hay sufrimiento más grande para una madre que perder o abandonar a un hijo. Sé que ella fue valiente cuando más debía serlo, y también sé que algún día volverá, cuando esté preparada, tal vez cuando se encuentre a sí misma, pero, sin embargo, no siento a Rose en este mundo. ¿Lo entiende?

–La esperanza no se puede perder –intenté consolarla–. Creo que no hay nada definitivo. No hay ninguna certeza que nos pueda decir lo que ha ocurrido.

–¿Cómo se llama usted?

–Áureo Kavanac –le respondí.

–Señor Kavanac –me dijo mientras fijaba en mí unos ojos ciegos, grises como un atardecer nublado–. No me pregunte cómo lo puedo saber, pero estoy segura de que mi nieta Rose, ha muerto.

Guardé silencio, intentado digerir las duras palabras de la mujer. Después, sacando la foto del sobre, le pregunté.

–Tengo una foto de su nieta...

–Sabe que no puedo verla –por un momento lo había olvidado, que capullo integral estaba hecho.

–Sí, lo siento –le dije.

–Mire, aquí tengo una foto de ella –la mujer se levantó y, tanteando, cogió un marco que tenía apoyado en un mueble aparador–. ¿Verdad que es muy guapa?

–Lo es –cogí las dos fotos y las comparé. Efectivamente, era ella. Ambas fotografías eran de la misma época, bastante recientes, por cierto–. ¿Puede contarme algo sobre Rose? ¿Dónde le dijo que se iba el día que desapareció? ¿Recuerda algo que pueda ser significativo? Cualquier detalle puede ser importante, aunque no crea que lo es.

–Le agradezco su presencia, señor Kavanac, y que se haya molestado en venir, aunque sé que es su trabajo y que no lo hace por altruismo. Pero nada de lo que le pueda decir va a servir para encontrarla. Aquel día se marchó como cualquier otro día. Me dio un beso y no se despidió, nunca lo hacía. Ahora sé que no la veré nunca, por lo menos en esta vida. Espero que Dios me conceda la gracia de poder estar con ella en el más allá, sea el lugar que sea. Ya es lo único que pido, lo único que me queda.

–No le puedo asegurar nada. No está en mi mano cambiar las cosas que ocurren, pero si averiguo cualquier cosa la mantendré informada. Creo que debería mantener la esperanza de que todavía se encuentre con vida y que volverá a verla algún día, tal vez más cercano de lo que piensa.

–Si sintiese en mi corazón una mínima posibilidad, me aferraría a la esperanza con toda mi alma, pero hay algo que no puedo definir, es como si el lazo espiritual que me unía con Rose se hubiera cortado. Es un convencimiento interno, algo que está más allá de la razón o la lógica.

Ambos cogimos las tazas de café y le dimos un buen sorbo, mientras manteníamos un prolongado y calmado silencio. Momentos después vi como Estella Corben apenas podía contener unas lagrimas que se deslizaron por el rostro recorriendo el surco de las arrugas de su piel, hasta que se mezclaron con el café, diluyéndose en su oscuridad.

–Mi nieta es una joven muy bondadosa –me dijo cuando ya estaba dispuesto a marcharme–. Siempre ha sentido una fuerte inclinación por ayudar a los demás. Es creyente, muchas noches me leía pasajes de *La Biblia*, sobre todo del Nuevo Testamento. Yo hace mucho tiempo que leí las últimas frases; la vista me dejó hace años. Rose estaba entusiasmada con la figura de Jesús y su mensaje. Ella frecuentaba más las iglesias que las salas de fiesta o las discotecas. Su alma es bella y su alma es inmortal. Ese es mi único consuelo.

–Gracias, por su ayuda. Voy a marcharme, no quiero molestarla más. Insisto, si averiguo algo vendré a decírselo. Sea lo que sea, lo prometo –nunca me gusta hacer jodidas promesas que sé que no voy a cumplir, pero en esa ocasión no pude evitarlo.

–No me molesta su presencia, pero entiendo que deba marcharse.

–Es cierto, señora Corben. Buscar a las chicas desaparecidas tiene ahora toda mi prioridad. Y el tiempo corre en contra nuestra.

–Permítame que le acompañe, ha sido muy amable con esta pobre anciana –se ofreció mientras se levantaba con dificultad de la silla.

–No, por favor. No es necesario que se mueva, ya encontraré la salida. Le agradezco mucho la información que me ha dado, seguro que me resulta de gran ayuda.

–Insisto; no es por usted, es que quiero salir un poco a la calle a sentir el aire fresco. Hay veces que las paredes parece que se vayan a caer sobre mí. Me guiará al mismo tiempo que yo le acompaño a la salida. Así nos hacemos un favor mutuo.

No pude negarme, así que le di la mano y la llevé conmigo hasta la puerta. Después bajamos despacio los tramos de escalera, recorrimos el estrecho pasillo y salimos al exterior. Estaba comenzando a llover.

La anciana puso sus dos manos sobre la mía, pude sentir la suavidad de su piel.

–Creo que usted no sabe que es un buen hombre –me dijo de improviso–. Piensa de sí mismo que es una mala persona, un egoísta sin moral alguna, carente de valores, pero no es así, está equivocado.

No pude responderle, tal vez porque no sabia qué decir.

–Que tenga toda la suerte del mundo y la ayuda de Dios –se despidió–. Creo que la va a necesitar, este mundo es muy duro.

Entonces me soltó la mano y abrió las suyas dejando que la lluvia cayera entre sus dedos al mismo tiempo que lo hacía sobre su rostro. Por unos instantes me sorprendí viéndome allí plantado, observando a la mujer que con sus ojos ciegos parecía contemplar un universo lleno de belleza, cuando a su alrededor solo había tristeza. Antes de marcharme en silencio me di cuenta que la anciana estaba llorando. Sus lágrimas se mezclaban con las gotas de lluvia, pero, de alguna manera, estaba seguro de que sus lagrimas no eran de tristeza sino de una contenida alegría, como si entre las nubes o en lo profundo de su oscura ceguera hubiera contemplado, como una luz lejana, el espíritu libre y eterno de su nieta desaparecida.

Me fui pensando en sus palabras, en todo lo que me había hecho sentir durante el tiempo que había estado con ella. Me vi como un jodido gusano, pero creo que la persona que salió, no era la misma que había entrado a aquella pequeña casa.

Entonces sonó el móvil. Nicholas tenía, entre otras, la extraña virtud de sacarme de un tirón de mis sueños y arrancarme sin piedad los pensamientos. Además de llamar siempre en los momentos más oportunos, o no, según se quiera ver.

–¿Qué, jefe, has averiguado algo? –me preguntó desde el otro lado del teléfono.

–Nada, Nicholas, ha sido una perdida de tiempo. No debí haber venido, pero ya está hecho.

–Te noto muy raro. Has dicho una docena de palabras y no me has insultado ni has soltado ningún taco. Algo te ha pasado, a mi no me engañas. Venga, cuéntame lo que ha pasado.

–De verdad, no ha ocurrido nada. ¿Qué pasa? ¿Es que no te han dado...?

–No sigas, no sigas, te está quedando muy forzado. Bueno, ya me contarás si quieres. Yo no insisto. Ya hablaremos.

–Eso, ya hablamos más tarde.

Había avanzado unos metros cuando me di la vuelta para ver si la anciana seguía allí, en el portal donde la había dejado. Ya no estaba. Por un momento pensé si no habría sido un fantasma con el que había hablado sin saberlo. Me convencí y ratifiqué que no era buena idea involucrarme en casos si no era contratado previamente y si no había pasta por medio. ¿Por qué demonios no me hacía caso a mí mismo?

Mientras me alejaba y salía del pobre barrio de Treme, me sequé... las gotas de lluvia... que recorrían mi rostro. Necesitaba tomarme urgentemente un whisky, como si mi vida dependiera de ello.

VII

LA BÚSQUEDA DE LAS SOMBRAS

Voy a usarte y abusar de ti./Tengo que saber que hay dentro./Voy a usarte y abusar de ti./Tengo que saber que hay dentro tuyo.

Sweet Dreams (Are Made Of This),
Marilyn Manson

Aún llevaba en mente mi visita a Estella Corben, no conseguía quitarme el asunto de la cabeza. Ese era uno de los motivos por los que no tenía que involucrarme donde no debía. El verano estaba siendo muy caluroso. Encima volvió a lloviznar. Se levantó el calor del suelo y se creó un vapor que se pegaba a mi piel como si me duchara con agua caliente y totalmente vestido. No conseguía desprenderme del sudor. Cada vez que lo recogía con un pañuelo, volvía a surgir de nuevo como si no hubiera pasado nada. Tanto era así que apenas probé un trago, aunque hubiera deseado alguno más. Sin embargo, el whisky no llegaba al estómago, pasaba directamente de la garganta a los poros de la piel. No tenía sentido que persistiera en la lucha, que ya había perdido antes de empezar, así que me resigné y dejé el alcohol para otro rato. Fue un gran sacrificio, lo reconozco.

Ahora iba a empezar la investigación de verdad. Me dispuse a recorrer el supuesto camino que había hecho Vanessa el día de su desaparición, incluso pensaba hacerlo, más o menos, a la misma hora. Me detuve con el plano en mis manos intentado que no se mojara por la lluvia, y comencé con mi trabajo.

Después de tantos años, seguía maravillándome del ambiente que exhalaba Nueva Orleans a todas horas, de las casas viejas de estilo francés, decoradas con balcones de hierro y maceteros donde florecen, en una explosión de colores, multitud de rosas, jazmines y madreselvas, ese día oscurecidas por el cielo gris y nublado. La constante presencia de alguna banda callejera de negros tocando canciones de jazz al cubierto de alguna cornisa, impregnando el aire de melodías que recordaban al tiempo en que se vendían esclavos en las calles. Hombres y mujeres secuestrados de sus hogares y sus pueblos, separados de sus familiares y amigos, a los que se les había arrebatado la vida y traído al Nuevo Mundo en barcos malolientes y cargados de cadenas, las que solo romperían con la muerte. Hoy en día todavía existen esclavos, pero se ha perdido el romanticismo del pasado y, lo que es más importante, se ha logrado que los modernos esclavos no se den cuenta de que lo son. Bendito progreso, nos la meten sin que nos demos cuenta y encima aplaudimos.

Entré en el café Du Monde atraído por el irresistible aroma que exhalaba su interior. Una vez dentro y, tras el tercer café humeante, le pregunté al camarero si conocía a la chica que le mostraba en las fotos. Miró detenidamente el rostro juvenil de Vanessa, cuya sonrisa parecía traspasar el papel. Después de pensárselo unos segundos, negó con la cabeza.

–Lo siento –me dijo–, nunca la he visto. Es quizá demasiado joven para venir a estos lugares, ¿no crees? A esa edad se piensa en otras cosas.

–Gracias por el interés. Hoy en día prestamos poca atención a nuestros semejantes. Nos hemos hecho solitarios y egoístas. Es lo normal.

–¿Y quién no? –me afirmó con una pregunta mientras retiraba la taza vacía y limpiaba con un paño la mesa–. Creo que si hubiera pasado por aquí la recordaría.

–Claro, es muy joven para venir a este lugar –recalqué lo que él mismo había dicho. Al poco le pagué los cafés que me había tomado y me marché. Desde luego, allí, en Du Monde, servían el mejor café del mundo, y tal vez no era el peor sitio para comenzar a pillar algo de información. No había tenido mucha suerte, pero tampoco esperaba soltar la caña y pescar al primer intento. Afuera pude contemplar el lento discurrir del Mississipi. La gigantesca serpiente de agua se movía despacio bajo la lluvia y el cielo abarrotado de nubes.

Me acerqué un rato a contemplar el curso del río acariciado por la persistente llovizna. El cielo gris y el aire cálido se unían en la misma escena dándole una apariencia melancólica, a semejanza del sentimiento que me embargaba en esos momentos. Aprecié el estar sobrio, ya que, de otra forma, no habría podido disfrutar de esa situación. Me sentía sosegado y en paz conmigo mismo, sensación poco frecuente en mí. Hacía años que no me encontraba así, casi se podía decir que era relativamente feliz. Era como una parte activa en un cuadro romántico. Sí, creo que, por primera vez en bastante tiempo, me encontraba feliz, o algo parecido. Recapitulé mi situación: tenía un ayudante al que, a pesar de todo, apreciaba bastante. Me había llegado un caso que verdaderamente despertaba mi interés y, al mismo tiempo, también lo hacía con una parte de mí que dormía en el interior de mi alma desde incontables años atrás, si bien, esto último no dejaba de llamarme la atención. Creo que, en definitiva, me sentía útil, algo que no era muy habitual. Una persona me había contratado porque necesitaba mi ayuda en un caso de verdadero interés humano. Así, su desesperación era para mí una nueva fuerza renovada. No era lo mismo espiar a un marido infiel que buscar a una joven desaparecida.

Pero debía dejarme de sensiblerías y nostalgias. Ya había llegado el momento de ponerme a trabajar. Lo primero era tomar un buen trago, el combustible necesario para que me funcionaran las neuronas, y enseguida a ganarme el sueldo; el excesivo romanticismo nubla el juicio y empaña el alma, el mundo ya está bastante lleno de atontados que se quedan babeando ante un atardecer de lo más cursi. Parecía que el calor amainaba y era buen momento para que el whisky me calentara las venas.

Decidí hacer una visita a mi amigo Samy, nombre cariñoso por el que llamaba a Simón Tinville, también *Kunta Kinte*, según en qué momentos y en qué nivel de confianza lo tratara. Antes llamé a Nicholas para ver cómo iba con sus averiguaciones.

Me cogió el teléfono casi al instante.

–Dime, ¿qué quieres? –me preguntó como si estuviera ocupado en algo importante.

–Pues nada, disculpe usted si le incomodo –le respondí con ironía–. Solo quiero saber si has averiguado algo.

–Lo que sé es que este ordenador tuyo es una mierda. Desde que te has ido estoy dándome de hostias con él. Tiene más virus que una leprosería. Debería darle una patada y mandarlo a tomar por el culo.

–Pues no tenemos otro, ni dinero para comprarlo. Tú verás.

–¿Qué, ya estás impaciente? Acabas de irte hace unas horas y ya quieres que te haya resuelto toda la investigación. ¿Cuántas copas llevas ya?

–Todavía ninguna, gilipollas. Pero dame tiempo.

–Bueno, jefe. Ahora déjame tranquilo. A ver si puedo hacer algo con este cacharro de los cojones y consigo entrar en Internet. Cuando averigüe algo te llamo.

–Confío en ti, Nicholas.

–¡Que te den! –me respondió y colgó. Por lo visto estaba bastante cabreado con el ordenador. Lo sentía por él, por nosotros, pero no podía hacer otra cosa. Los ingresos no daban para más. Confiaba en sus conocimientos y en su pericia. Para mí sería muy bonito tener el último aparato de esos, y tener una oficina de doscientos metros cuadrados con vistas al río, y tener tres tías buenas trabajando a mi alrededor, y un coche de puta madre y comer todos los días marisco. Pero la realidad no lo permitía. ¿Qué le íbamos a hacer? Que se gane el sueldo el jodido, me dije.

Crucé la plaza Jackson atravesando el barrio francés. La estatua del General Andrew Jackson parecía un fantasma descarnado surgiendo de la tumba. La tétrica imagen la producía un efecto muy mundano: las miles de cagadas de las palomas que utilizaban el sombrero del general como retrete comunitario y que después se derretían bajo la lluvia deslizándose por toda la estatua. Supuse que, si continuaba lloviendo así, en unas horas quedaría completamente limpia, realzándose de nuevo su majestad ecuestre; pero en esos momentos parecía un muerto resucitado, algo, por lo demás, muy propio de la leyenda popular de Nueva Orleans. Hasta las estatuas y las palomas trabajaban pensando en el turismo.

El barrio francés de Nueva Orleans conservaba el espíritu añejo de la ciudad, el que creó alrededor de ella ese halo de misterio que diferenciaba sus calles del resto de las calles del mundo. En cualquier esquina podíamos esperar ver un típico entierro, que pasaba en un momento de entonar una triste y solemne marcha a estallar en un jolgorio de alegría. La más clara prueba de que la muerte aquí se veía como una resurrección, como un principio más que un final. Por todos lados había bares a los que la gente acudía para tomarse un *Mint Julep* de aromáticas hojas de menta. Después era placentero contemplar a los viejos barcos recorriendo despacio el Mississipi impulsados por ruedas posteriores que giraban calmadas, sin prisa, desafiando al paso del tiempo, enfrentándose con la vorágine actual. Objetos de admiración de los turistas que podían imaginar cómo eran antes las cosas. El tiempo, para estos barcos, no es oro, es paja. El eco de sus bocinas llegaba hasta las callejuelas invitando y provocando a los habitantes de la ciudad como las sirenas a Ulises en la Odisea. Cada vez que trasuntaba por el barrio francés me creía trasladado a otra época, varios siglos atrás. Esperaba ver en cualquier momento a un grupo de esclavos negros encadenados rumbo a las plantaciones de algodón, mientras cantaban coros llenos de nostalgia y dolor que les recordaban a su tierra y a su vida robada.

Finalmente llegué a la Flor de Lys, el antro más oscuro del barrio francés. El olor era fuerte, un tufo camuflado por ambientadores baratos. La prostitución es un mundo deprimente y miserable que intenta disfrazarse con vestidos de seda, pero aún así no puede disimular sus manchas de suciedad. En el pasado había deambulado infinidad de veces por los rincones de edificios decorados con los carteles de luces de neón, mantenidos durante años y marcados por el barro y el polvo. Había sido un asiduo de esos antros, y no podía criticar a los que seguían el mismo camino. Es también una medicina o una droga que hace olvidar, por momentos, el dolor con el que cargan muchas almas heridas.

Aunque conocía a Samy desde hacía mucho tiempo, no acababa de entender cómo permanecía en aquel lugar. Podía comprender que le gustara esnifar droga por la nariz y, al mismo tiempo, tener al lado a dos tías buenas. Pero, en fin, ¿quién era yo para juzgar a nadie? El tío era un negro guapo, se parecía un poco al Sidney Poitiers de joven.

La puerta abierta del edificio dejaba paso a una verdadera cueva, angosta y mal iluminada por unas luces rojizas, que la convertían en la entrada del infierno. Al decorador le tenían que haber metido un premio por el culo, ya que se había quedado a gusto con su trabajo. La planta baja tenía tres puertas que llevaban, una de ellas a una sala de toples, otra a un recinto de cabinas, y en la tercera se jugaban partidas de póker en las que, la menor de las apuestas, era la madre o la hermana de alguno de los jugadores. Pasé rápido y me dirigí hacia la escalera que subía al primer piso, allí sabía que iba a encontrar al bueno de *Kunta Kinte*. Siempre estaba entre almohadones y mujeres, fumando o esnifando indistintamente. En el fondo era un buen tipo, es decir, era legal, te podías fiar de él y no te daba problemas si tú no se los dabas a él. Ahora bien, si se los causabas, se convertía en una fiera. Siempre me cuidaba mucho de no cabrearle. Un día un gilipollas le dio de hostias a una de sus putas; cuando Samy lo pilló, le arreó tal somanta de palos que no le dejó un solo diente. Después, no contento con la paliza que le había dado al desgraciado, le cortó dos dedos con unas tijeras de podar. El pobre tipo estuvo más de una semana en el hospital, pero pudo dar gracias de que la cosa no hubiera ido a más, que todo podía haber ocurrido.

La puerta se encontraba abierta. Dentro, las habitaciones estaban iluminadas por unas tenues luces de tonalidades violáceas. Entré en silencio, envuelto en densos olores a porro, a sándalo y a coños. Al poco lo vi. Allí estaba, como imaginaba, entre almohadones y tías desnudas. Era difícil contarlas, por la poca luz y porque se entrelazaban entre sí, pero creo que eran tres. No lo hubiera podido jurar. Tuve que contar las cabezas, aunque igual alguna la tenía escondida entre las piernas de otra. Cuando el negro se dio cuenta de mi presencia, las hizo marcharse a otra habitación. Después se enrolló un trozo de tela a la cintura para taparse el miembro que tenía levantado como un mástil. Seguro que se tomaba pastillas para aguantar más rato. El tío mostraba algo de decoro. Cómo se notaba que llevábamos tiempo sin vernos y había perdido confianza. En otros momentos le hubiera traído sin cuidado que estuviera allí delante contemplando el espectáculo como en una película porno. Igual hasta me habría cobrado por la escena. Quizá es que se hacía mayor, como todos, y le surgían escrúpulos y algo parecido al pudor que nunca, ni por asomo, había tenido.

–Vaya, vaya, qué agradable sorpresa. El detective Kavanac en persona se digna a visitar mi morada –me dijo con voz cavernosa, como si acabara de despertar después de una noche de desenfreno.

–Señor Tinville, el placer es mío –le respondí con el mismo tono irónico–. Me alegro de poder ver que sigues tan degenerado, como es tu sana y arraigada costumbre.

–El mismísimo Áureo Kavanac, investigador de lo oculto, detective de lo extraño y el más grande escéptico que me puedo echar a la cara. El hijo de puta que puede beber más cantidad de whisky barato de toda Nueva Orleans sin vomitar hasta las entrañas. ¿Visita de cortesía has dicho? No me lo creo ¿Qué te trae por aquí? ¿Qué buscas?

–Supongo que habrás oído hablar de las desapariciones de varias jóvenes ocurridas estos últimos meses –fui al grano, ya que no estaba del todo cómodo en aquel sitio. Intentaba alejarme de aquellos lugares que antes había frecuentado demasiado. Era como estar junto a una antigua novia a la que no quieres ver, por si no la consigues olvidar. No quería caer de nuevo.

–No te enrollas demasiado. ¿Es que tienes prisa? Hace mucho tiempo que no nos vemos y seguro que tenemos que contarnos bastantes cosas.

–Otro día, Samy, ahora no dispongo de mucho tiempo. Lo que tengo entre manos es serio. Una persona me ha contratado para que intente resolver el asunto lo antes posible. Una de las chicas desaparecidas es su hija. La madre está muy preocupada.

–Y con razón, ¡coño! Yo lo estaría si fuera ella. Por cierto, ¿está buena? ¿Te las has follado ya?

–¡Joder! Todos pensáis en lo mismo. Pues no, no lo he hecho, ni pienso hacerlo.

–He oído por ahí que tienes un secretario maricón. Te lo ha contagiado por lo que veo.

–Ni lo sueñes –le atajé–. Pero, aunque no lo creas, soy un profesional. No me gusta mezclar el placer con el trabajo. Recuerda el refrán: de donde saques la olla, no metas la polla.

–Reconozco que es una buena filosofía. Te aconsejo que no la olvides. Yo, por mi parte, no tengo esos problemas morales.

–Volviendo al asunto que me ha traído a este tugurio. Imagino que algo sabrás al respecto. No pueden desaparecer trece niñas por este barrio y que el bueno de Simón Tinville no sepa nada de nada.

–Algo he oído, te soy sincero. Pero lo más extraño es que, tratándose de lo que se trata, la información de la que dispongo sea tan escasa. No es normal que todo este tema esté envuelto en un velo tan opaco. Es como si alguien quisiera ocultarlo premeditadamente. Son demasiadas chicas.

–¡No me jodas, hombre! –exclamé–. No creerás que quien, o quienes hayan sido, lo van a airear a los cuatro vientos. Pues claro que quieren ocultarlo, ¡joder! Me sorprendes, tío.

–No me refiero a eso. Entiendo que parece una gilipollez lo que digo, pero hay algo más. Nadie sabe nada, nadie dice nada. Es como si las desapariciones no tuvieran lugar y, sin embargo, todo el mundo sabe que están ocurriendo.

–¿Y tú que piensas? –le pregunté.

–¿Qué piensas tú, Áureo?

–En estos momentos tengo dos opciones: la que más boletos tiene es que se trate de un grupo organizado que se está dedicando al rentable negocio de raptar jovencitas solitarias, para enseñarles un nuevo mundo e instruirlas en al arte de las mamadas y, al mismo tiempo, descubrirles todas las posibilidades que brindan sus culos frescos y redondos. La otra posibilidad, he de decir que no me da más miedo, sin embargo, me preocupa más respecto a la suerte de las chicas, es que se trate de un asesino en serie. Un criminal follado por su padre de pequeño y maltratado también por su madre, que igual lo había vestido de tisú. Seguro que ha crecido con un espantoso trauma que, al pobre inocente y víctima de su entorno, le habría llevado a cometer actos deleznables, de los que no tenía verdadera culpa, son, dirán los psicólogos, las circunstancias que lo han generado y que no ha podido evitar.

–¿Has conocido a muchos así? –me preguntó Samy con curiosidad.

–Aunque he oído las historias de varios, por suerte solo he conocido a uno durante todos mis años de detective. Fue un grandísimo hijo de puta. No lo pude cazar personalmente, pero me hubiera gustado. Si lo pillo le corto los huevos y se los meto por el gaznate, para que se ahogue con su semen ponzoñoso. Después encierro en chirona a los psicólogos que justifican a esas pobres y enfermizas criaturitas de Dios.

–Yo creo que hay otras opciones.

–¿Otras opciones? –le pregunté intrigado– ¿Qué piensas que puede haberles ocurrido a las niñas?

–En Nueva Orleans ocurren cosas que no pasan en otros lugares del país, ni del mundo, añadiría.

–¿A qué te refieres? Me tienes en ascuas. Escupe de una puta vez.

–Vudú –me soltó sin más.

–Déjate de chorradas –le respondí.

–¿Por qué eres tan escéptico? –me preguntó, como si no pudiese creer lo que escuchaba. Me miraba como a una persona desconocida–. Se oyen cosas de ti que chocan directamente con ese aparente escepticismo tuyo. ¿No eres detective de lo oculto?

–Sí, pero nunca he visto nada que no entrara dentro de lo habitual, de lo que podemos considerar normal, ajustándose a las leyes de la física, la química, las matemáticas y todas las ciencias que puedas nombrar.

–Tu madre fue Docelia Marie Lachaise. ¿No es suficiente para que creas en la posibilidad de algo más allá de lo que vemos y que no esté justificado por esas estúpidas ciencias en las que te apoyas?

Cuando pronunció el nombre de mi madre un alud de recuerdos inundó mi mente. Era como si un profundo vacío se llenara de repente. Sacos y sacos de arena que no eran sino mi memoria, cubrieron el hueco que el transcurrir del tiempo había horadado sin descanso. Fue una sensación, cuanto menos, extraña. Como si me hubiera convertido, con el paso de los años, en otra persona, alguien totalmente diferente a aquel jovencito que pareció existir en otra vida, una vida que no podía o, al menos me costaba demasiado reconocer como mía. Cada año pasado convertía aquella época en un sueño irreal y cada día dudaba más de que no hubiera sido así y que todo lo que ocurrió no fuese más que una terrible pesadilla. ¿Por qué olvidaba?

¿Por qué al llegar cada noche los recuerdos se difuminaban como niebla ante una ráfaga de aire? Quizá era una protección diseñada para que mi mente no se desmoronase. Sin embargo, había algo más, unos cabos sueltos que no atinaba a unir con seguridad.

–El vudú en sí mismo no quiere decir nada –le argumenté continuando con la conversación–. Es una simple religión como muchas otras, nada más.

–Sé lo que es –me dijo–. Pero el vudú es algo más que un conjunto de ritos y ceremonias, es más que creer en un dios o en unos dioses. El vudú mueve fuerzas oscuras y peligrosas. Tú, Áureo Kavanac, lo sabes perfectamente, aunque no quieras reconocerlo.

–Yo siempre le he puesto una vela a Dios y otra al diablo. Eso te lo puedo asegurar, incluso, a veces, a Lucifer le pongo dos, por si acaso. Pero no acabo de entender a dónde quieres ir a parar.

–Tampoco yo lo sé con certeza. Lo único que te digo es que, por mi experiencia, por lo que conozco de esta ciudad, que tengas cuidado, mucho cuidado. Lo que está ocurriendo no es normal. Es posible que, finalmente, «el investigador de lo oculto» haya dado con un caso que haga honor a su nombre. No te puedo decir mucho más ahora, porque no sé nada más, pero te prometo que, cualquier información que considere de interés serás el primero en conocerla.

–Te lo agradezco, Samy. Tanto tus advertencias...

–Solo te digo que vayas precavido –me interrumpió–, por lo que pueda pasar.

–...como tu ofrecimiento de información –concluí.

–No hay problema, amigo. Cuenta conmigo.

–Sé que cuento contigo –le afirmé–. Siempre has sido un tío legal en el que he podido confiar.

–Bueno, deja de hacerme la pelota. Tampoco es que me puedas dejar pasear con tu novia y quedarte tan tranquilo.

–Si tuviera novia, al último al que se la presentaría sería a ti. He visto tu rabo varias veces.

Me despedí con una sonrisa mientras me marchaba del picadero. Dejé la puerta sin cerrar, como me la había encontrado, y bajé las escaleras hasta salir a la calle. Ya era de noche, pero no había dejado de llover. Era un buen momento para buscar un bar donde poder recapacitar un poco y digerir las palabras de Samy. Fuerzas peligrosas, vudú, rituales, demonios, bokos malignos, hechizos, conocía todos esos conceptos y muchos más. Tal vez creí en ellos alguna vez, pero no ahora. Estaba seguro de que todo ocurría en la mente de la gente. Las personas creen ver a los familiares muertos porque lo desean con tanta intensidad que son engañados por sus propios ojos; creen escuchar las palabras a través de los médiums, porque son las palabras que surgen de sus corazones. Otras veces es el miedo el que les hiere y no las maldiciones que puedan lanzar los hungan. Todas esas manifestaciones son el reflejo de lo que ocurre en el Vudú. Simplemente la manipulación de los deseos, temores y debilidades de los infelices. Siempre se juega con los más indefensos, pues aquellos que están más indefensos son los que están más desesperados. Se aferran a una luz, por pequeña que esta sea, para salir de su oscuridad, aunque resulte ser una llama y les queme hasta los huevos.

Lo más acuciante para mí en ese momento era resolver una terrible duda: ¿dónde ir a tomar un whisky? Estaba muy cerca del Maple Leaf, donde se escuchaban las viejas canciones de Armstrong, Miles Davis o Charlie Parker. Pero no tenía ganas de escuchar jazz mientras veía jugar al ajedrez. Los movimientos de las fichas siempre acababan mareándome. Cuando llevaba seis o siete copas, los peones, torres, alfiles y caballos se movían ante mí, bailando un tango argentino. Ya lo tenía claro, y más desde que me tiraron del Preservation Hall; dejaría que pasara un tiempo antes de volver allí. Un poco más lejos tenía el club 300 New Orleans Jazz Bistro, allí también le daban al jazz, pero era más suave, como más de fondo, y no se jugaban partidas de ajedrez. Tenía muchos días por delante. No era cierto.

VIII

LOS ASPECTOS DE LA REALIDAD

> Por favor, permítame presentarme./Soy un hombre de riqueza y buen gusto./He estado por aquí durante largos, largos años./Robé el alma y la fe de muchos hombres./Y estaba allí cuando Jesucristo,/tuvo su momento de duda y dolor.
>
> *Empatía por el Diablo*, The Rolling Stones

Habían pasado ya dos días desde que vino Moira Dago a mi despacho. Un par de días desde que vi por primera vez las fotos de su hija desaparecida. Hay casos que se demoran meses o años, otros son eternos porque nunca se resuelven y al final se olvidan. Quedan únicamente en el recuerdo y el dolor de los familiares o amigos que permanecen con la incertidumbre y la duda de si la persona que buscan está viva o muerta. En algunas ocasiones, en esto de la investigación, ocurre después de un laborioso trabajo de semanas y semanas, siguiendo pistas y detalles, analizando los datos; y de recorrer palmo a palmo cada calle de la ciudad, te encuentras con que no ha servido para nada. Pero otras, un pequeño golpe de suerte llega de improviso, como si un genio piadoso te hubiera susurrado un secreto al oído, y los acontecimientos empiezan a cuadrar como las piezas de un complicado rompecabezas que, de repente, toman forma y permiten hacerse una idea del conjunto. La casualidad, el azar o el destino, juegan sus caprichosas bazas y sitúan sus piezas en el tablero. Entonces sabes, por fin, dónde te has metido, y te das cuenta, con total certeza, de que ojalá nunca lo hubieras descubierto.

Algo así me pasó durante el curso de las pesquisas que estaba llevando entre manos. Había interrogado a todo bicho viviente conocido o por conocer, desde los chulos y camellos más miserables hasta los curas y profesores de los colegios más cercanos. Nadie soltó prenda. Estoy seguro de que la mayoría no tenían información que darme, aunque siempre me quedaba la duda de que alguno lo ocultara premeditadamente. Hay muchos que prefieren callar y no meterse en líos. Nunca se sabe a quién le estás contando las cosas y cómo van a utilizar esa información. Lo más probable es que te acabe salpicando. Por lo tanto, es mejor hacerse el ignorante y capear las preguntas lo mejor que se pueda. Es la ley no escrita que rige en las calles: ni ver, ni oír, pero sí callar.

Durante estos días me había personado por los comercios, los bares y cualquier establecimiento abierto al público. Me presentaba con mi libreta abierta dispuesto a tomar apuntes, para después, con más calma, analizar las respuestas que daban a mis preguntas. Por supuesto, intentaba leer tras las palabras y buscar cualquier detalle oculto, dejado caer consciente o inconscientemente, que me llevara a alguna pista fiable. Muchos a los que interrogué ya me conocían y existía una cierta confianza entre nosotros, como en el caso de Samy. Sin embargo, no pudieron ayudarme. Lo máximo que recibía era alguna velada advertencia que seguía la misma estela de los consejos del negro.

Me encontraba en el sillón de la oficina, más dormido que despierto. Abrí los ojos con esfuerzo y por la ventana contemplé un cielo gris y anodino. Miré el calendario, para situarme en qué día estaba, pues había perdido la noción del tiempo. Eran principios de la cuarta semana de agosto. Estaba siendo un verano de calor bochornoso, pero también bastante llovido; lo cual no era de extrañar. Empezaba la temporada de los huracanes y este año no iban a faltar para cumplir con la tradición. Desperté con una terrible resaca bombardeando mi cerebro como si se tratara del ataque japonés a Pearl Harbor. A pesar de lo infructuoso de mis investigaciones, no podía permitirme caer en el desanimo. Me lavé la cara y me tomé un café frío. Al momento lo vacié en el lavabo, junto con los restos de una penosa cena, mientras me prometía a mí mismo que debía empezar a controlar la bebida; cada día estaba más mayor y me afectaba más que antes, cuando mi cuerpo podía aguantar todo lo que le echara por encima o por dentro.

Nicholas aún no había llegado a la oficina. Era un poco raro, ya que normalmente solía llegar antes de que me despertara. Pero tampoco era inusual. El chaval tenía toda la libertad para hacer lo que le diera en gana, no iba a ser yo el que le pusiera horarios y reglamentos sin sentido; para lo que le pagaba y cuando le pagaba, tampoco podía exigirle demasiado. Por otro lado, ¡joder, a mí qué me importaba! Sé que algunas noches las pasaba follando con algún amigo. Lo sabía, pues era después de una de esas cuando llegaba tarde. No le esperé y salí a la calle para acabar de despejarme y dar unas vueltas por si tenía algún golpe de suerte, ya no digo si buena o mala.

El bullicio habitual me reverberaba como si tuviera unas maracas en el cerebro. Así que opté por perderme por barrios más tranquilos. Cuando llevaba alrededor de una hora caminando sin rumbo fijo, sonó mi móvil, era el mamón de Nicholas que ya debía haberse puesto en marcha.

–¿Sí? –contesté.

–Jefe, ¿por dónde coño andas? –escuché la voz aflautada de Nicholas al otro lado del auricular.

–Si te digo la verdad, no estoy seguro. Ni tampoco me importa.

–Menuda la cogiste anoche. Has dejado vómito por todas partes. Eres un puto guarro y yo no soy tu chica de la limpieza. ¿Me oyes?

–¡Sí, joder, sí! No me des ahora la monserga.

–No te llamaba por eso, pero he aprovechado para decirte algo. Me parece muy mal la manera en que me tratas.

–¡Hostia, Nicholas! ¿Qué quieres? ¿Te han follado mal o qué?

–Está bien, ya hablaremos de eso –me respondió–. Pero esto quizá te interese. Mientras tú no haces más que perder el tiempo emborrachándote en el primer bar que pillas, he estado navegando por esa conexión a Internet de mierda que tenemos. A pesar de que el ordenador va como el culo, he conseguido, a base de mucha paciencia, averiguar algo interesante.

–Suéltalo.

–¿Recuerdas cuando me dijiste que averiguara la existencia de todos los prostíbulos de la zona donde desaparecieron las chicas y de todos los grupos religiosos que campan por el barrio, tengan la ideología que tengan? Añadiste que hiciera una relación de sectas y agrupaciones culturales, altruistas y sin ánimo de lucro, censadas o no.

–Claro. Simplemente te recordé tu jodido y estresante trabajo, por si no te salía de los cojones la iniciativa.

–Bueno, las casas de putas ya las conoces todas, así que busqué los otros grupos sociales y he hecho una relación.

–Cada vez me huele más a una trata de blancas –le interrumpí.

–Déjame acabar y olvida ya tu repetitiva teoría –me dijo, molesto por la interrupción–. Pareces un disco rayado. Te repites más que pajas te haces.

–Cuando vuelva al despacho me das la relación e investigaré, uno a uno, cada grupo que figure en ella.

–Escúchame, jefe, eso es lo bueno y lo que te quería decir todo el rato. Te hago una pregunta a ti, que conoces de puta madre la ciudad: ¿Cómo es posible que esa lista esté en blanco?

–¿Qué quieres decir? No lo capto –aquello me sorprendió–. Tienes que ser más explícito, no estoy para acertijos a estas horas.

–¡Joder! ¡Cómo te afecta el whisky! Está muy claro o muy oscuro, conforme lo quieras ver. ¿No ves que no es normal que en una ciudad como Nueva Orleans haya una zona, un barrio, donde no figure ni aparezca un solo grupo religioso?

–¡Qué bonito, un lugar libre de fanáticos! –le dije–. Seguro que es Shangri-La.

–No te lo tomes a cachondeo. Es muy llamativo y estoy seguro de que quiere decir otra cosa. Pero hay algo más. Esa zona es la parte baja del French Quarters, allí solo hay una referencia a una persona relacionada con la religión, por decirlo de alguna manera. Tal vez pertenezca a un grupo Obeah, pero no estoy del todo seguro. Se trata de un Hunsi-kanzo al que llaman Frederic Cyrus.

–¿Un bautizado? –pregunté–. ¿Y bien? Sigo sin pillarlo, debo de estar muy obtuso.

–Ya veo –me dijo resignado–. Pues que deberías investigarlo. Al menos la lista es corta, no te podrás quejar.

–Claro que me acercaré por allí a ver qué descubro. Después de una semana vamos teniendo cada vez menos pistas que investigar. Además, estoy bastante cerca de esa zona. ¿Dónde tengo que ir concretamente?

–Al 108 de Bourbon Strett.

–Perfecto, Nicholas –concluí–. Ya te pondré al corriente de lo que averigüe. Buen trabajo.

–Ok, jefe. Para que luego digas si me gano o no el sueldo que no me pagas.

French Quarters es el barrio francés, la parte de la ciudad que mejor conserva el espíritu del pasado, las calles más bonitas, los edificios más antiguos donde perdura el estilo de sus orígenes que los alzó en su momento. La gente que los habita está orgullosa del aroma añejo y lo demuestra adornando los balcones con flores de diversos tipos, rosas, margaritas, narcisos, para crear un ambiente colorido y alegre. En ocasiones pienso que las personas tendemos a identificarnos demasiado con los valores materiales. Tener una vivienda en French Quarters llena de un valor añadido sus vidas, como si estas dependieran de las cuatro paredes que les rodean y de si viven o no en tal o cual barrio de la ciudad. En el fondo es una pena.

No me encontraba muy lejos de la dirección que me había proporcionado Nicholas. Después de algo más de diez minutos me hallaba ya en Bourbon Strett. En un par de minutos más estaría enfrente del 108. Sin embargo, con lo que me encontré de verdad cuando llegué fue con una inesperada sorpresa: y es que el número 108 no existía.

Para mi asombro, el lugar donde debía hallarse el 108 de Bourbon Strett era un pequeño solar en el que todavía se apreciaban los restos de un antiguo jardín. Unos metros más adentro debió encontrarse la casa que, si mantuvo el estilo de las colindantes, lo cual era lo más probable, sería una pequeña construcción de estilo francés de no más de dos alturas, con un porche ante la entrada y un tejado de tonalidades azules.

Nicholas se había equivocado o, tal vez, la información obtenida de Internet no estaba actualizada del todo. Demasiado confiaba el chaval en los avances informáticos. Siempre dije que lo mejor era patear la ciudad, conocer sus rincones y los lugares donde obtener la información y conseguir cuantos más amigos mejor. Menos ordenadores y gilipolleces.

Defraudado, me di la vuelta y continué caminado por la calle, mientras disfrutaba de una cierta tranquilidad. Al poco llamé por teléfono al espabilado de mi secretario, ayudante, chico de la limpieza y qué sé yo que más.

–Nicholas, tú o el Internet ese de los cojones, estáis más pasados que los pantalones de campana.

–¿A qué te refieres, «inteligente jefe»? –me preguntó.

–Acabo de estar hace dos minutos frente al número que me has dicho y allí solo hay un pequeño descampado. Hace tiempo seguro que hubo una casa, pero ahora donde no hay nada de nada, salvo una zona de recreo para las ratas.

–Debes de estar confundido, en Internet aparece hasta la foto. ¿Nunca has visto cómo funciona el google?

–Ni google, ni hostias, te digo que allí no hay nada.

–Bueno, bueno, si tú lo dices. Tendré que fiarme de tus ojos. Yo, la verdad es que no he estado allí para verlo, eso es cierto. No te preocupes, seguiré indagando a ver si consigo descubrir dónde está el error o qué coño ha pasado.

–Vale, sigue peleando con el ordenador –concluí–. Voy a dar una vuelta por los bares de Bourbon Strett. No hay muchos, pero me dejaré caer por el que encuentre y haré unas cuantas preguntas. Ya puestos, a ver si el desplazamiento no ha sido del todo en balde.

–Seguro que le sacas algún provecho. Por lo menos a la barra del bar.

–Eres un maricón.

–Y tú cada día eres más perspicaz.

Apenas acabada la tarde, me encontré con más alcohol en el cuerpo del que podía soportar. Lo último que recuerdo era un taburete que parecía agitarse bajo los efectos de un terremoto y después varias caras de gente desconocida, los que, además de moverse como en la sala de espejos de alguna feria, se difuminaban como rostros de fantasmas, como si estuvieran hechos de niebla.

Después solo oscuridad.

Cuando me desperté estaba vestido y tumbado sobre el sillón de la entrada de mi despacho. La cabeza parecía que me iba a reventar de un momento a otro. El estómago lo tenía tan revuelto como si estuviera cruzando el estrecho de Magallanes en canoa un día de tormenta. No sabía cómo había llegado, pero de lo que estaba seguro es que no lo había hecho por mi propio pie.

Estaba solo, y cuando pude centrar la vista en mi reloj de pulsera vi que eran ya más de las doce del mediodía. Si había caído borracho, más o menos, sobre las nueve de la noche anterior, eso quería decir que llevaba más de catorce horas durmiendo la mona.

El ruido de la puerta del despacho al abrirse y cerrarse retumbó en mi cerebro como si hubieran estallado dos bombas al lado de mi oído. Era Nicholas que entraba todo lozano y dicharachero. Menudo maricón estaba hecho.

–Vaya cogorza que cogiste ayer –me dijo–. ¿Qué, algún ataque de nostalgia?

–Joder, no hables tan alto.

–Pues me tendrás que decir en qué momento te emborrachaste, pues acabo de estar en el 108 de Bourbon Strett y allí hay una preciosa vivienda de estilo francés con un jardín perfectamente adornado de flores y setos que estaban todavía mojados por la lluvia. Ya me dirás dónde estuviste ayer cuando solo encontraste un solar.

–No estaba borracho cuando te llamé y tampoco estoy loco –intervine adivinando sus pensamientos.

–Pues yo ahora lo he visto con mis propios ojos –me aseguró–. ¿Para qué te voy a mentir?

–Deja que me lave un poco y nos vamos los dos para allá –le dije mientras me incorporaba a duras penas del sillón. Estaba seguro de que la dirección era la correcta y de que allí no había ninguna vivienda.

Cogimos un tranvía de la línea de St. Charles. Las ganancias no nos daban para taxis y, por otro lado, en mi estado tampoco me apetecía encerrarme en un vehículo que cogiera las curvas a una velocidad superior a veinte kilómetros por hora. Bajamos en una parada cercana a nuestro destino y, diez minutos después, estábamos frente al 108 de Bourbon Strett.

Juro por Dios que allí no había nada el día anterior, es decir, nada más que un simple solar. Sin embargo, también juro que ahora tenía delante de mí una casa de estilo francés típico de French Quarters, siguiendo el mismo tipo de construcción que las casas vecinas. Como había dicho Nicholas, la entrada estaba resguardada por un jardín muy arreglado. Un corto camino llevaba entre setos de flores, rosas, margaritas y alguna más que no conocía, hasta la entrada de la vivienda. Allí había un porche de los que invitan a pasar las tardes del verano sentado en una silla tocándose uno los huevos, mientras el sol nos acaricia las pestañas.

–¡Me cago en la puta, Nicholas! –exclamé–. Te aseguro que no estaba borracho.

–Lo que ves es lo que ves, no he sido yo el que se ha puesto a levantar la casa durante la noche solo para darte por culo y hacerte quedar como un verdadero gilipollas.

–Vale, no sé. Quizá me confundí o me equivoqué de número. Yo qué hostias sé. Ahora estamos aquí, así que voy a hacer lo que tengo que hacer. Interrogaré a ese tal, Frederic... ¿qué?

–Frederic Cyrus –indicó–. Yo me quedaré esperando aquí fuera, jefe. Haz tu trabajo de una vez, si es que ya estás bastante despejado.

–Ya hace rato que lo estoy –le dije contundente.

Sin decir más palabras me dirigí a la casa atravesando el jardín, después subí los dos escalones que me separaban de la puerta y me situé ante ella. Observé un momento a mí alrededor, como si esperara ver a alguien espiándome y, después de ponerme en situación, llamé al timbre de la puerta. Sonó como el tañido de una campana lejana. Esperé.

Después de casi medio minuto, la puerta se abrió despacio.

Una figura menuda y un poco encorvada surgió del interior, como una sombra de un callejón cualquiera del Faubourg Marigny. Era un anciano negro, con los ojos de color gris casi plateados, igual que algunos de los mechones que, mezclándose con trenzas y pelo azabache, caían prácticamente hasta sus hombros. Llevaba una bata de color rojo que parecía de seda, ribeteada con ornamentos propios de una bandera vudú, unos triángulos de colores azules y verdes y algunas imágenes sintéticas de frutas y animales. Sin duda era un ministro de la Obeah. Tras unos segundos de silencio en los cuales nos observamos mutuamente, el viejo me preguntó.

–Dígame, ¿en qué puedo ayudarle? –su voz era suave y tranquila.

–Me llamo Áureo Kavanac, soy detective privado –esperé un instante para comprobar su reacción–. Solo quiero hacerle unas preguntas. No le robaré más que unos minutos de su tiempo.

–Si está en mis manos, le puedo asegurar que le ayudaré. Siempre que sea algo honesto lo que persigue. Sin embargo, si lo que pretende está motivado por la codicia, le advierto que es mejor que se marche sin demora por donde ha venido.

–Le prometo que mis intenciones son lícitas –le aseguré–. Supongo que es Frederic Cyrus.

–Supone bien. Sin duda está usted en lo cierto –me respondió–. Soy Frederic Cyrus. Permítame que le invite a entrar en mi hogar. Hágalo libremente.

–Se lo agradezco –le respondí. El tipo parecía muy amable y cordial.

–Dentro estaremos mucho mejor –me dijo mientras me ofrecía el paso al interior con un gesto de su mano.

Pasamos por un recibidor en el que pude ver varias imágenes de santos y algunos incensarios que emanaban un dulce olor a sándalo. También me llamó la atención la existencia de varios maceteros llenos de diversas flores. Distinguí rosas, dalias y algunas atrapamoscas; siempre me habían hecho gracia estas últimas. El señor Cyrus parecía un amante de la floricultura.

Tras una puerta nos encontramos en un pequeño salón decorado con muebles clásicos y una biblioteca que cubría prácticamente toda una pared. De nuevo vi varios maceteros con flores, que le daban a la habitación un especial colorido, además de impregnar el ambiente con un agradable aroma. Frederic Cyrus me invitó a sentarme en un sillón, mientras él hacía lo mismo en otro situado enfrente.

–Bien, Kavanac –me dijo–, ahora estamos cómodos. Lamento no poder invitarle a una copa, pero no tengo alcohol en mi casa. Quizá un café.

–No, gracias, he tomado uno hace muy poco. Como le he dicho soy detective y un cliente me ha pedido que investigue la desaparición de una persona. Es una chica joven que ha desaparecido hace unos días.

–Siga. Le escucho con atención.

–Como puede imaginar, me ha contratado un familiar, concretamente su madre, para intentar averiguar qué ha sucedido con su hija. Hoy en día los adolescentes están pasados de vueltas, por decirlo de alguna manera. Igual se ha marchado con un novio y está escondida, para darle una lección a su madre, o está metida de droga hasta las cejas.

–Siempre ha ocurrido así –agregó–, desde hace más tiempo del que podemos imaginar. Séneca ya se quejaba en los mismos términos de la juventud de su época. Decía que parecía que estaban enfrentados con el mundo entero y no se mostraban satisfechos por nada. Que eran reaccionarios y no tenían ningún respeto por los ancianos. Igual que ahora. Pero usted no cree que sea así, ¿me equivoco? Cree que a la chica le ha ocurrido algo malo.

–Es cierto –le dije–. En este caso pienso que lo que puede haberle pasado está más allá de su voluntad, por decirlo de una manera suave. Pienso que está secuestrada o algo peor.

–¿Qué le hace pensar eso? –me preguntó, mirándome fijamente con unos ojos grises y acerados.

–No es la única que ha desaparecido –le informé–. Que sepamos son al menos otras trece. Todas, más o menos, de la misma edad; si bien de la mayoría ni siquiera han presentado denuncia. De clase social baja, por lo que sé algunas, incluso son huérfanas. Pobres niñas.

–¿Piensa que yo puedo saber algo al respecto? –me preguntó inclinándose ligeramente hacia mí.

–Usted es un hungan y, por lo que tengo entendido, cuenta con numerosos seguidores o adeptos, como quiera llamarlos. ¿Quién mejor que una persona que tiene acceso a tanta gente para tener alguna información sobre lo que ocurre en su barrio?

–Le mentiría si le dijera que no se nada del asunto, pero tampoco le puedo ayudar como desearía, ya que no tengo ninguna información que facilitarle.

–Cualquier detalle, aunque aparentemente no sea importante, puede darme algún indicio para solucionar el caso. Aunque a mí solo me han contratado para descubrir lo que le ha ocurrido a una de las chicas, el resto de las jóvenes también se merecen que pueda dar con la respuesta.

–Estoy de acuerdo y me alegra que piense así –me dijo el anciano mientras me seguía observando fijamente–. Es cierto que he escuchado que varias jóvenes han desaparecido en estas últimas fechas, pero nadie sabe nada en concreto.

–¿Usted qué opina? –le pregunté.

–Creo que se trata de un asunto bastante turbio –me dijo después de pensarlo unos segundos.

–Eso salta a la vista –añadí.

–Le puedo decir que sé que alguna de las chicas desaparecidas había acudido en varias ocasiones a mi iglesia. No las conocía personalmente, ya que no tengo contacto con cada uno de mis feligreses, muchos vienen de forma esporádica. Creo que eran dos y ninguna tenía familiares, que yo sepa, claro. El rumor me llegó a través de mis ayudantes, pero la desaparición de estas dos chicas ni siquiera ha sido denunciado a la policía hasta hace unos días. ¿Cómo sabe que son trece?

–Al menos trece –le puntualicé–. Los medios de información que tengo, a veces, van un paso por delante de la policía. De todas formas, las fuerzas de la ley pueden y deben contabilizar las desapariciones, aunque no estén denunciadas.

–¿En qué más le puedo ayudar, señor Kavanac?

–¿Cuánto tiempo lleva ejerciendo de hungan en la iglesia? –le pregunté. Me parecía que el viejo estaba dando por finalizada la conversación.

–Durante más tiempo del que puedo recordar y contar con seguridad. Quizá cuarenta años, tal vez cincuenta. Ya soy viejo y la Obeah es más antigua que muchas religiones. En Nueva Orleans hay pocos misterios que me queden ocultos. Aunque, por desgracia, la desaparición de esas chicas, sea uno de ellos. ¿Qué edad tiene usted, señor Kavanac?

–Cuarenta y siete años –le respondí, aunque no entendía a santo de qué venía esa pregunta.

–Cómo pasa la vida de rápida –continuó–. Llega un momento que la apreciación del tiempo se hace engañosa, y un periodo de dos o tres años pasa a ser como el de uno solo.

–Nadie puede evitar eso. Siempre ocurre así. Cuando se es joven el tiempo parece infinito, pero cuando llegas al ecuador de la vida, esa apreciación cambia por completo.

–Déjeme que le dé un buen consejo –me dijo de nuevo fijando su mirada en mí, como si fuera una espada.

–Soy todo oídos.

–Aléjese cuando pueda de este caso. Me parece, y se lo digo por una mezcla de experiencia e instinto, que hay fuerzas de por medio que van más allá de lo que la gente normal puede aceptar y, sobre todo, soportar.

–No tengo miedo –le respondí algo ofendido, no era la primera vez que escucha la misma advertencia–. Durante una gran parte de mi vida he convivido con el vudú y lo que le rodea. He comprobado que la mayoría de las veces no son más que supercherías, otras pueden plantear alguna duda. Pero más por falta de datos que por su veracidad. Voy a seguir hasta el final.

–Me sorprende entonces que no tenga más fe en esas creencias. Y más siendo usted el hijo de quien es.

–¿Sabe quienes eran mis padres? –le pregunté con curiosidad.

–Sé quién era su madre.

–Murió hace mucho –le dije.

–También lo sé –concluyó–. Ya le he dicho que hay poco que desconozca de la historia de Nueva Orleans y menos de aquellos acontecimientos relacionados con lo oculto.

–Pues me alegro de que sea así, de verdad. Pero no he venido a hablar de mí, sino de las desapariciones, por si lo ha olvidado.

–Entonces debo invitarle a que se marche ya, pues no tengo nada más que decirle.

–Muy bien –le respondí mientras me levantaba del sillón–. Por cierto, tiene usted muy buen gusto para la decoración, lo digo por las flores y maceteros. Tanto en el jardín como aquí, en su vivienda, le dan un aspecto muy alegre al entorno.

–Me gusta mucho la floricultura –me dijo mientras se levantaba y se acercaba a un ramo situado sobre una mesa–. Las flores otorgan, efectivamente, una gran belleza a todo lo que les rodea. Son los poros por los que respira el mundo. Adornan nuestras vidas con sus colores y aromas, que son, al mismo tiempo, los sueños de los hombres. Suspiros y lamentos, alegrías y tristezas. Adoro las flores, en su interior se encuentran los secretos del Universo. ¿Ha oído hablar del doctor Edward Bach?

–Algo he oído, sí.

–Fue un gran científico, médico, bacteriólogo, patólogo y homeópata inglés que desarrolló una filosofía y un método que aplicaba las esencias florales con fines terapéuticos. Creó una especie de religión alrededor de las flores. Pero, tengo que decirle, Áureo Kavanac, que el doctor Bach solo atisbó una pequeña parte del potencial de estas pequeñas criaturas –decía esto mientras acariciaba los pétalos de una rosa–. Él vislumbró un lago, pero no imaginó el inmenso océano que se oculta debajo.

–No es algo que me importe mucho, la verdad –le dije mientras me acercaba hacia la puerta con la intención de marcharme.

–Las flores tienen una belleza inmensa. Incluso cuando están marchitas conservan su hermosura y gran parte de su perfume –cogió una flor cuyos pétalos estaban ennegrecidos y la arrancó de su ramo. Se la aproximó suavemente al rostro como si fuera a darle un beso–. Huele mejor que cuando estaba viva. Si uno sabe escuchar, puede oír un sensual murmullo, un susurro que únicamente emiten cuando están marchitas. Pobre Edward Bach, cuánto se dejó por descubrir.

–Me alegro de haberle conocido, señor Cyrus, pero tengo que marcharme. Espero que no dude en avisarme si tiene alguna pista –le dejé una tarjeta con mi dirección y teléfono–. La visita ha sido muy agradable.

–Lo mismo le digo –me respondió mientras jugueteaba con la tarjeta entre sus dedos–. Ha sido un placer charlar un rato con usted. Pero le insisto, deje el caso, no siga profundizando y metiéndose en pozos demasiado angostos como para luego pretender salir con facilidad.

–Es mi trabajo y me pagan para ello –le dije mientras salía al porche bajo el cielo nublado y caluroso del puto mes de agosto–. Además, no todo es por el dinero.

El anciano sonrió mostrándome una dentadura blanca como la nieve. Sus ojos grises me miraron una última vez con un destello en el que atisbé, o quizá fue mi imaginación, una expresión de maldad contenida.

Fuera, en la calle, tras el jardín, me esperaba Nicholas.

–No has estado mucho rato, jefe –me dijo cuando llegué hasta él–. Te ha despachado demasiado pronto, lo cual no es muy buena señal. ¿O sí?

–Tienes razón, como siempre, apenas sí he conseguido nada. Lo malo es que era una de las pocas opciones que nos quedaban, ahora solo queda esperar un golpe de suerte que nos lleve a otra pista. El viejo, o no sabe nada o no lo quiere soltar. Solo me advierte, una y otra vez, de que deje la investigación, por lo que pueda pasar. Él, como anciano decrépito y débil, puede tener miedo hasta de su sombra, pero no es mi caso, te lo puedo asegurar.

Nicholas me miró de forma extraña, como si estuviera viendo a un desconocido, o lo que es peor, a un loco. Pero lo que me dijo me dejó sorprendido. No lo podía entender. Aunque al principio pensé que me estaba gastando una broma de las suyas, de maricón perdido, al momento me di cuenta de que no era así.

–Creo Áureo, que cada día estás peor. Ayer no viste la casa estando delante de tus narices y ahora me dices que de ella ha salido un viejo arrugado.

–¿Qué me dices? –le pregunté lleno de curiosidad.

–Mira, jefe, no digo que la persona que te ha recibido sea un jovencito. El tío es mayor que tú, seguro, pero desde luego no es un viejo. Yo te diría que debe tener cerca de sesenta años, pesar más de ochenta kilos y, te aseguro, que mide al menos un metro ochenta. Así que, de anciano decrépito, nada de nada. Si te da una hostia, das dos vueltas de campana en redondo. ¿Cuándo has vuelto a beber?

IX

UNA PUERTA A LA OSCURIDAD

Pero soy corrupto,/no me queda nada./Gasté todo mi amor tratando de olvidar./Ignoré tus llamadas y tiré el teléfono./Por favor, créeme cuando digo:/ No te aferres, no te aferres,/no te aferres a mí./No te aferres, no te aferres,/no tengo nada que dar.

Agujeros Negros (No te aferres), The Warning

Se estaba acercando el fin de un tormentoso, y cálido a la vez, mes de agosto. El río circulaba despacio, con parsimonia, conocedor de que se acercaba hacia su destino final. Parecía resistirse a lo inevitable. Incluso intentaba escapar, en la medida de lo posible, elevando sus aguas convertidas en brumas y vapor hacia el cielo encapotado; pero las nubes devolvían sin miramientos el agua que el río les enviaba. Las noticias anunciaban una gran tormenta, como cada año por estas fechas, nada extraño en esta zona del planeta. Una más, pensaba yo. Como si el mundo no estuviera ya bastante jodido, llegaba Dios y a joderlo todo un poco más.

Bueno, que nos dieran a todos por el culo era lo que nos merecíamos, solo hay que mirar un poco a nuestro alrededor, aunque sea de reojo, y nos daremos cuenta de que nos merecemos lo peor que tenemos.

La visita a Frederic Cyrus me había colmado de dudas y, al mismo tiempo, despertado una inquietud acuciante que me había mantenido en vela día y noche. Intentaba descubrir qué era lo que me estaba llevando a tener unas apreciaciones tan cambiadas o tan erróneas de la realidad. Durante un par de días, ni Nicholas ni yo comentamos nada al respecto. Era como si algo extraño estuviera actuando sobre mi apreciación de algunas cosas: una casa que aparecía donde antes no estaba, un hombre que pasaba de ser un anciano enclenque a un tío fornido de alrededor de un metro ochenta de estatura. Quizá el whisky me estaba afectando de manera crónica y el alcohol había pasado a formar parte de mi sangre sustituyendo a los glóbulos rojos por el licor destilado de malta, cebada y centeno.

Recordé que Simón Tinville, mi amigo Samy, Kunta Kinte, me había advertido de las fuerzas paranormales que parecían moverse alrededor de las desapariciones de las chicas. Al principio no lo tomé en serio y, aunque después tampoco, iba siendo hora de poner la vela al diablo, máxime cuando al hungan también le había dado por decirme lo mismo. Dice un proverbio árabe que, si uno te dice que tienes cara de dromedario, no tienes por qué creerle, pero si te lo dicen dos, mírate a un espejo, por si acaso. A eso de mediodía me fui hacia la Flor de Lys, supuse que, aunque era un poco temprano para Samy, le pillaría seguro, y estaba muy interesado en saber si había averiguado algo nuevo.

A las doce del mediodía, el antro la Flor de Lys parecía un edificio casi abandonado. Las luces turbias de la noche habían dejado paso a la luminosidad del día, en este caso bastante gris. Las puertas estaban cerradas y el jolgorio habitual había enmudecido como si hubiera ocurrido una epidemia y todos se hubieran largado con viento fresco sin tiempo a recoger nada salvo lo puesto. Los pasillos estaban llenos de botellas vacías, pañuelos de papel y condones usados. El olor había cambiado, ya no olía tanto a porro sino a cloaca. Subí de nuevo las escaleras. Los escalones, en el silencio reinante, se quejaban bajo el peso de mi cuerpo. Como siempre, la puerta de Samy estaba abierta. Y como siempre, mi amigo, el negro, estaba tumbado en el sillón. Se encontraba dormido y, supongo, que con droga saliéndole hasta por las orejas. Esta vez, para variar, estaba solo; por lo que pude ver, las guarras que le acompañaban en todo momento se habían largado. Pasadas unas horas, cuando cayera de nuevo la noche, las fulanas volverían al redil, como buenas ovejas.

–¡Samy, despierta! –le dije sin gritar en exceso–. Deja ya de sobar que son más de las doce.

El muy cabrón se revolvió sobre sí mismo, envolviendo una almohada en su cabeza como su hubiera estallado un trueno a su lado.

–¡Joder! ¡Joder! –exclamó– ¿Quieres dejarme en paz?

–No puedo –insistí–. Es por el asunto del que te hablé el otro día, el de las chicas desaparecidas. Están sucediendo cosas que, tengo que reconocer a mi pesar, no son del todo normales.

–Te lo dije –me respondió todavía con los párpados pegados por las legañas–. ¿Por qué coño nunca me tienes que hacer caso?

–El otro día fui a interrogar a Frederic Cyrus. ¿Le conoces?

–Claro que sí. Es un cabrón en toda regla. Parece un santo, un hungan, pero no me gusta nada. Pondría mi mano en el fuego apostándome que en realidad es un maldito boko de los cojones. Y tú también deberías conocerlo, llevas demasiados años en esta ciudad para que se te escapen algunas personas y más ese individuo. El tal Cyrus es bastante famoso por estos rincones de mierda. Tiene demasiados acólitos, que yo creo, pecan de fanáticos. De todas formas, no se le ha relacionado nunca con asuntos oscuros. Parece legal, pero a mí no me la pega, seguro que se folla a todas sus seguidoras y a muchos seguidores, si son jovencitos y guapos. Conozco a los de su calaña, mucha palabrería, mucho cielo en el más allá y, en el más acá te enculan antes de que te des cuenta, cuando te das la vuelta y, además, sin vaselina.

–Me gustaría poder echarle un vistazo a una de sus reuniones –le dije–. Saber cuándo y dónde las realiza.

–¡Joder, Áureo!, parece que vengas de Marte. Quizá has estado mucho tiempo fuera y no me lo has dicho. O lo has hecho más borracho que sobrio.

–Te juro que nunca había oído hablar de él. No sabía de su existencia hasta hace dos míseros días y –dudé un instante–... aún así no estoy seguro de que lo conozca de verdad.

–Explícate.

–Tengo que confesarte que la experiencia del otro día cuando le conocí es de lo más extraña que me ha pasado en esta vida. Resulta que, durante todo el tiempo que estuve preguntándole e intentando sacarle información, creí que tenía delante a un anciano delgado de alrededor de setenta y pico años, casi rondando los ochenta, pero cuando me despedí de él y después de intercambiar algunas palabras con Nicholas, este me dijo que en realidad era un mamón de unos sesenta años justitos y más de un metro ochenta de altura.

–Pues el marica de tu secretario tiene toda la razón del mundo. No conozco personalmente a Frederic Cyrus, entiéndeme, me refiero de hablar con él y demás, pero por lo poco que le he visto, te diría que está más cerca de ser un jugador de baloncesto que de otra cosa. Ya te digo, no es que sea un gigante, pero no me gustaría encontrármelo de cara estando de mala hostia y con ganas de gresca.

–Es uno de esos detalles extraños con los que me he encontrado. El otro es, que hubiera jurado por la salvación de mi alma, que el día anterior a mi visita a Cyrus, estuve delante de su vivienda, pero te juro que allí no había nada. La casa no estaba, solo había un solar vacío y varias ratas correteando a sus anchas.

–Tienes que ver de nuevo al boko –me dijo–, quizá así se te resuelvan o aclaren algunas de tus dudas. Es más, voy a acompañarte, aunque no te lo mereces, porque no eres más que un cabrón egoísta y aprovechado.

–¿Dónde le podemos encontrar? –le pregunté, sin hacer caso a sus comentarios sobre mi persona y mis intereses.

–Habitualmente realiza misas multitudinarias en su parroquia, no muy lejos de donde vive. Cada día, a las seis de la tarde. No suele fallar casi nunca.

–Entonces iremos a comer algo y, después, nos dejaremos caer por allí, a ver si nos enseña cómo entrar en el cielo por el camino rápido y fácil.

–Espero que el templo no desaparezca ante nuestros ojos –me dijo sonriente–. Que, por lo que me cuentas y visto lo visto, todo podría ocurrir.

Pues fue dicho y hecho, comimos unas hamburguesas bañadas en mostaza y tomate y nos bebimos varias cervezas para quitarnos el sabor de boca. La lluvia había parado un poco mientras tanto, pero al salir, como si estuviera burlándose de nosotros, volvió a caer con más fuerza.

Simón era un buen tío. Bastante putero y con una fuerte devoción por la coca que, estaba seguro, se lo iba a cargar algún día. Quería estar siempre, o casi siempre, rodeado de un par de tías buenas, normalmente negras o latinas, pero tampoco hacía ascos a las blancas. Le gustaba verse acariciado constantemente por las mujeres. El cabronazo vivía de puta madre, no es que le envidiara, pero, desde luego, él era la leche de feliz con su forma de vida. No se lo podía reprochar.

Volví a coger el tranvía de St. Charles. Lo que son las cosas, en pocas ocasiones antes lo había hecho y, en dos días, ya eran tres o cuatro veces. Se estaba convirtiendo en una fea costumbre. Bajamos del tranvía unas dos paradas antes de Bourbon Strett y nos dirigimos al templo de Cyrus. Seguí a Simón en silencio, expectante de lo que me iba a descubrir, como el que va a una cita a ciegas, esperando encontrarse a alguien del que después iba a ser difícil desprenderse.

Al poco nos encontramos frente a una iglesia. No tenía nada de particular, era un pequeño templo de tejado triangular, de paredes blancas y varias vidrieras circulares decorando las paredes con imágenes de algunas escenas conocidas de los evangelios. Las puertas estaban abiertas y, poco a poco, iban entrando algunos feligreses. Nos mezclamos disimuladamente entre un grupo de personas y entramos también a la parroquia. El interior estaba casi lleno, la gente ocupaba relajada sus asientos, acomodándose para la misa o el sermón que les iba a dar Frederic Cyrus. Simón y yo nos separamos para no llamar la atención. Yo me senté en la sexta fila, hacia la parte derecha, demasiado cerca del hounfort, el altar del templo, para mi tranquilidad. Esperaba que Cyrus no advirtiera mi presencia. Samy no tuvo más remedio que quedarse de pie al otro lado del recinto. Se situó más o menos a mi misma altura, así nos teníamos los dos a la vista, tal vez por si queríamos comunicarnos a través de gestos o señales.

Todo el mundo estaba ya en sus asientos y comenzaba a levantarse una leve expectación. Se respiraba en el aire una tensión contenida, como cuando va a comenzar un acto importante. Me di cuenta de que cerraban las puertas a cal y canto, lo que me produjo una incomoda desazón. Mientras esperaba me entretuve en observar a mi alrededor todo lo que pude. El altar estaba cubierto con una gran variedad de artículos eclesiásticos, la mayoría objetos con diversos significados: velas, algunos alimentos, algo de dinero en monedas, amuletos, collares rituales; saltaba a la vista que no iba a ser una misa católica.

En un segundo, los murmullos que reinaban por la sala, creando una sonoridad semejante a los rezos, se acallaron completamente. Dos negros como dos torres salieron de un lado del altar. Iban vestidos totalmente de negro, lo cual, unido a su color de piel, los convertía en verdaderas sombras. Vestían dos grandes capas en las que tenían colgadas algunas fotos o láminas, creo que, de santos y vírgenes, y llevaban con ellos unas campanas y también unos cuchillos. Parecían dos guardaespaldas que hubieran sido contratados por el diablo para su protección personal. Se situaron a ambos lados del hounfort y acto seguido hicieron sonar las campanas con suavidad. Fue la señal para que dos mujeres, también negras y vestidas de forma similar, se unieran con ellos para dar comienzo el ritual. Eran altas y ambas de una similar belleza felina. Sus ojos apenas eran dos rendijas por las que emanaba el mismo brillo dorado que tienen los ojos de las panteras durante la oscuridad de la noche, cuando acechan prestas a capturar a sus presas. Cada una llevaba una botella, posiblemente de ron, que era lo que habitualmente utilizaban para las ceremonias. También llevaban sendas antorchas, que lanzaban destellos sobre los utensilios del altar y reflejaban el filo de los cuchillos que sujetaban los negros. Miré a Simón y este me hizo un gesto de aprobación, indicándome con él, que las dos tías le gustaban. El muy salido siempre estaba pensando en lo mismo con el cerebro que llevaba bien caliente entre las piernas, cuando no lo tenía al aire, que era en la mayoría de las ocasiones. Pero yo no tenía ganas de cachondeo. Es más, el asunto estaba tomando un giro que no me gustaba en absoluto. Se estaba convirtiendo en algo personal. De alguna manera que no atinaba a comprender, el caso tenía más relación conmigo de lo que nunca había llegado a pensar, una relación que jamás deseé tener.

Las dos mujeres descorcharon las botellas y dieron un trago. La bebida la guardaron en el interior de sus bocas y acto seguido la lanzaron contra las antorchas levantadas sobre sus cabezas. Crearon un par de llamaradas al unísono que formaron un arco de fuego. La expectación entre los asistentes aumentaba por momentos, igual que el calor en un horno, como las mismas llamas que volvieron a surgir de los labios de las mujeres. Estas parecían dos dragones escapados de un cuento de fantasía. Eran dos brujas orquestando sus conjuros malignos. La luz del recinto disminuyó de repente. Era la señal de que iba a comenzar el verdadero espectáculo. Igual que en un cine, cuando antes de que todo quede sumido en la oscuridad, hay unos segundos de penumbra.

Entonces le vi. Y el mundo se derrumbó a mis pies.

Fue como si, de repente, despertara de un letargo de décadas, de un sueño que había nublado toda mi vida, casi desde que alcanzaba a recordar. Allí estaba, como escapado de una pesadilla olvidada. Le vi igual que hacía treinta y cuatro años; surgía de mi pasado con la fuerza de una tormenta. Su cuerpo de ébano, marcado por símbolos grabados en la piel, su cabello negro ensortijado acariciando unos hombros anchos y fuertes donde se marcaban los músculos tensos. Incluso recordé su forma de andar y su porte orgulloso. Cuando lo vi aquella primera vez, hace tantos años, yo era un joven de trece años y lo contemplaba desde una perspectiva en la que lo veía como un gigante. En el momento que salió, situado sobre la tarima por encima de nuestras cabezas, también tuve la misma sensación. Yo volvía a ser un niño de nuevo, y de la misma manera que ocurrió entonces, el temor volvió a aprisionar mi corazón con una tenaza de hierro. Pero lo que más me hizo estremecer, como si fuera una vieja asustadiza, fueron sus ojos. Una mirada de fuego en la que se reflejaban las llamas de las antorchas. La mirada tras la que se ocultaba un universo vacío, en cuya profundidad ardían lejanas estrellas que, quizá, ya estaban muertas y no eran sino recuerdos de un pasado olvidado.

Los asistentes comenzaron a emitir una especie de letanía. Era un cántico que debían tener memorizado y repetían todos al mismo compás, con el mismo tono y la misma devoción.

Esa era la verdadera imagen de Frederic Cyrus, el hombre al que había visto como un anciano débil, el hombre con el que había dialogado durante unos minutos. De alguna manera, al igual que el primer día no vi su casa, cuando estuve por primera vez frente a él tampoco contemplé su verdadera forma y su verdadero rostro. Se había ocultado de mí por alguna razón, tal vez porque no quería que lo identificara como el asesino de Docelia Marie, pero no estaba seguro de si era ese el motivo.

Miré de nuevo a mi amigo Simón. Se encontraba absorto en la ceremonia y no advirtió que reclamaba su atención. Deseaba decirle que teníamos que largarnos de aquel lugar, que se estaba convirtiendo en un sitio peligroso para nosotros. Si descubrían que éramos unos extraños, nuestra vida podría verse en un serio riesgo. Ya no era cuestión de una sospecha sin fundamento, ahora era una peligrosa certeza. Cyrus era el hombre que asesinó a mi madre y yo lo había reconocido, como estaba seguro, él había hecho conmigo cuando fui a verle. Si descubría que su falsa imagen de viejo decrépito había caído, quizá buscaría otras maneras de deshacerse de mí, si es que era eso lo que pretendía.

Cyrus se situó de espaldas al hounfort. Llevaba una capa ceremonial en la que había dibujado un vevé representando los atributos de la divinidad. Se trataba de un círculo cortado con ocho radios, cuyas líneas se prolongaban más allá de la circunferencia que los limitaba. Mientras, los dos negros y las dos mujeres colocaban unos pequeños troncos de pino y amontonaban unas brasas encendidas. En pocos instantes, una hoguera comenzó a arder frente a los asistentes, los que se apartaron formando un semicírculo a su alrededor, dejando varios metros de espacio entre ellos y las llamas.

El boko bebió un brebaje que le ofrecían sus acólitos y escupió tres veces por encima del hombro mientras mantenía el brazo doblado, luego repitió la misma acción cuatro veces sobre la hoguera que ardía delante del altar. Escupió tres veces más en el aire y de nuevo otras tantas sobre el fuego. El brebaje debía ser kimanga, ya que era muy habitual utilizarlo en las ceremonias vudú, aunque no lo sabía seguro. Algunos asistentes se habían levantado de sus asientos y comenzaron a contorsionarse. Otros cayeron al suelo en medio de fuertes convulsiones. Sin embargo, nadie parecía prestarles atención.

Frederic Cyrus continuó con la ceremonia. La pareja de acólitos negros colocó ante él un mortero de grandes dimensiones. El boko lo consagró dibujando trazos incomprensibles en su interior, después se desprendió de su capa y, con ella, cubrió el mortero, dejando a la vista el vevé. No acababa de entender sus palabras, pero me pareció que estaba salmodiando una serie de Padre Nuestros y Ave Marías, quizá incluso el Credo, aunque lo más normal es que se tratase de una corrupción de las oraciones católicas, invirtiendo y modificando el significado de las palabras y las frases. Los asistentes respondían mecánicamente en una perfecta simbiosis con el sacerdote, repitiendo como un coro sacado de alguna pesadilla. Cyrus rezó a los Loas, al mismo tiempo que recitaba una larga plegaria acompañada de estridentes silbidos. Antes de acabar empezaron a retumbar, con ritmo rápido y sincopado, varios tambores. Dos nuevos acólitos aparecieron por detrás del boko, cubiertos los rostros por la parte inferior de la cara, con un pañuelo blanco y otro rojo. Avanzaron hacia el mortero y, cogiendo el almirez, comenzaron a triturar las hojas que había depositadas en él. Todos los presentes irrumpieron de nuevo en un coro, cantando himnos que parecían alegres canciones de raíces africanas. Siempre había oído que los espíritus acuden con mejor talante cuando se canta y se baila para ellos, era una forma de apaciguarlos ya que, por lo general, no les gusta ser convocados por los humanos, se ve que deben de estar muy bien allí donde estén, seguramente ocupados en sus orgías, a mí me pasaría lo mismo. Al mismo tiempo que los cánticos, se escuchaban ruidos cada vez más confusos entre los asistentes que estaban siendo dominados por la excitación.

En algunas ocasiones había contemplado ceremonias vudú, y conocía bastante bien los pasos y mecanismos que se seguían en los rituales. La gente actuaba como hipnotizada, creían ser poseídos por las divinidades y los Loas. Era el momento en el que los hombres estaban más cerca de los dioses, según ellos, claro. Yo siempre había pensado que, el que no estaba ciego de cocaína o cualquier otra droga, se había sugestionado hasta tal punto que ya no era dueño de su propia conciencia. Pero las últimas experiencias vividas me habían llevado a tener de nuevo un serio respeto por esas creencias, que ya había olvidado e, incluso, empezaba a sentir un creciente temor que superaba cualquier argumento racional.

–¡El dios de los bosques os poseerá! –entendí que exclamaba Frederic Cyrus.

En ese momento, como respondiendo a sus palabras, surgió una mujer joven entre los asistentes y se aproximó a la hoguera. La chica estaba dotada de una musculatura bastante robusta. No creo que fuera del gusto y apetencias de Samy, a pesar de que no estaba nada mal. Sin embargo, a mí sí me excitaba el cuerpo fornido de la mujer. Tenía la piel tersa, las piernas largas, las caderas anchas; sus formas se marcaban con todo detalle y rotundidad. Los pechos, prominentes, se ocultaban bajo una camisa marrón desabrochada por debajo de ellos. Tenía una expresión extraña. Por un lado, parecía dominada contra su voluntad, pero por otro, exhibía una especie de furia contenida; su mirada escupía odio. De pronto saltó sobre el mortero con la agilidad de un tigre, manteniendo el equilibrio de pie sobre los bordes y, con las manos sobre los pechos, se contorneó al ritmo de los tambores.

Por un momento miré hacia la puerta de salida y vi, para mi preocupación, que seguía cerrada, era lógico que no dejaran entrar a ningún curioso que pudiese contemplar lo que estaba sucediendo en el interior de la iglesia. Después busqué a Simón, que me miraba a su vez, visiblemente emocionado, no era consciente del peligro en el que nos estábamos viendo inmersos. Aquello estaba subiendo de temperatura y él nunca hacía ascos a espectáculos donde se jugaba con la carne; solo veía a las sensuales mujeres, pero no la muerte que flotaba en el ambiente y que yo sentía aferrada a mi piel.

La joven se contoneaba sobre las cabezas de los dos hombres que estaban triturando las hojas. Sus movimientos, cada vez más obscenos, conseguían que los dos acólitos trabajaran más rápidamente, quizá fruto de la excitación. La chica llevaba una falda bastante corta de la que se desprendió con total naturalidad; debajo no llevaba nada. Mostró sus nalgas prietas moviéndolas en rítmicos balanceos y situó su sexo a la altura del rostro de los acólitos. Sujetó la cabeza de uno de ellos y, con un gesto firme, le hizo que aproximara la boca a los labios de su sexo. A los pocos minutos la chica lo apartó con la misma fuerza con la que antes lo había atraído.

De improviso la joven saltó al suelo y se tumbó abriendo sus piernas de par en par, mostrando el regalo que ocultaba entre ellas al boko. Frederic Cyrus sonrió ante el presente que le ofrecía la acólita. Los asistentes a la ceremonia estaban envueltos en un frenesí descontrolado, algunos, incluso, estaban fornicando allí mismo, sin preocuparles lo más mínimo que alguien los pudiera ver. Todo era parte del ritual, en unos momentos aquello podría ser una verdadera orgía colectiva. Cyrus se acercó al mortero y vertió dentro un licor que prendió fuego como un tizón. Los que estaban triturando las hojas, sacaron el líquido inflamado utilizando unas calabazas como cuencos y se lo ofrecieron al sacerdote, que lo bebió mientras todavía estaba envuelto en llamas, para después arrojar el recipiente vacío a un lado. Las dos acólitas que habían estado esperando como estatuas a ambos lados del altar se acercaron a Cyrus y, desprendiéndole de la ropa que llevaba, lo dejaron completamente desnudo. Ese hombre podía tener ochenta años, quizá más, pero no aparentaba mucho más de sesenta. Su cuerpo estaba perfectamente definido, como si pasara horas y horas castigándose en un jodido gimnasio. Sus músculos brillaban embadurnados en aceite, y los símbolos grabados en su piel parecían estar cosidos con hilo de oro.

Los asistentes gritaron un nombre que entendí perfectamente, no era Frederic, ni Cyrus, sino Cimitiere, lo decían una y otra vez, como una letanía monótona e infinita, como los rítmicos golpes de los tambores: ¡Cimitiere, Cimitiere, Cimitiere...!

–¡El dios de los bosques reclama su tributo! –exclamó Cyrus mientras se aproximaba a la chica que permanecía con las piernas abiertas.

El hijo de perra se situó sobre ella. La chica lanzó un grito de dolor y arqueó la espalda hacia atrás mientras sus manos se crispaban sobre la espalda de Cyrus y dibujaban con las uñas diez regueros de sangre. El boko no pareció darse cuenta de los arañazos de la joven, al contrario, si algún efecto producía en él era excitarlo más. Las embestidas aumentaron de intensidad y de velocidad. Los gritos de la chica se mezclaban con el griterío general en el que sobresalía la misma palabra, una sola palabra: ¡Cimitiere, Cimitiere, Cimitiere…!

Durante unos minutos que me parecieron eternos, Frederic Cyrus fornicó como un salvaje a la acólita que gritaba, no sé si de placer o de dolor, entre estremecimientos. Finalmente llegó el clímax y Cyrus cayó sobre la espalda de la joven forzándola, por su peso, a derrumbarse sobre el suelo.

El dios de los bosques, que la había poseído sin contemplaciones, se apartó de ella. Levantó sus brazos como si fuera Jesucristo, mostrando su cuerpo. Enseñó a los asistentes la sangre vertida como si se tratara de un trofeo. La chica se alzó del suelo con la mirada fija y los miembros rígidos. Había sido poseída por el mismo Barón Cimitiere y el resultado era que el cuerpo de la mujer parecía el de un cadáver. El Loa más terrorífico llevaba el sexo a un nivel no conocido por los hombres y mujeres. Pero la ceremonia continuaba, y los dos negros que habían actuado como ayudantes preparando el ritual se desnudaron también y se lanzaron sobre la joven, antes poseída por Cyrus, la que volvió a darse de bruces contra el suelo.

Escuchaba a mi alrededor obscenidades que incluso a mi me escandalizaban, lo que, puedo asegurar, resultaba bastante difícil de conseguir. Me preguntaba si todas las ceremonias que oficiaba aquel tipo serían iguales o si habíamos ido a dar con el premio especial de la casa, el día de la fiesta mayor. Yo tenía claro, desde el principio, que aquella ceremonia no iba a ser como la de los Testigos de Jehova, pero era todo lo opuesto, como la luz y la oscuridad, como el día y la noche; era como el jodido ying y el puto yon, pero a lo bestia.

Los dos negros se colocaron sobre la chica y, uno tras otro, se la ventilaron de nuevo. Las dos mujeres negras se acercaron a los asistentes y eligieron a dos incautos a los que desnudaron y obligaron a que las poseyeran. Por un momento temí ser yo el elegido, creo que hubiera sido muy peligroso ya que habría llamado la atención de Frederic Cyrus. No estaba seguro del todo si el bueno de Simón no estaba deseando lo contrario, pero por suerte para ambos, fue ignorado y tampoco le cayó la breva.

Algunos poseídos saltaban por encima de la hoguera, otros lavaban sus rostros con el licor del mortero, unos pocos bailaban con los brazos extendidos y los dedos de la mano derecha realizando el símbolo de los cuernos satánicos. Una mujer empezó a dar vueltas por el suelo con violentas convulsiones, otra se acercó a mí y me echó la mano a la bragueta con tanta habilidad que, si no reacciono como lo hice de rápido, antes de que me lo hubiera pensado dos veces ya me la habría cogido. La mujer se había arrancado la parte superior del vestido y agitaba sus pechos delante de mí, supongo que para que me lanzara sobre ella. Di dos pasos hacia atrás y la aparté hacia un lado. Se olvidó pronto de mí y buscó a otro que pudiera satisfacer su voraz ansia sexual. Estaban tan poseídos por el frenesí que no se daban cuenta de nada. Solo querían sexo y si no era con uno, buscaban con rapidez a otro, de la forma más natural del mundo.

La música se volvía cada vez más frenética; algunos caían extenuados sobre el suelo. Tuve claro que debíamos largarnos de allí cuanto antes; el tiempo corría en nuestra contra. Entre la confusión busqué a Simón. Aparté cuerpos que se entrelazaban por todos lados. Al fin me encontré con él. El muy guarro ya estaba liado con una tía que le agarraba con verdadera devoción, ya que Simón estaba mejor dotado incluso que el hijo de puta de Frederic Cyrus.

–¡Vámonos de aquí, joder! –le ordené–. Estamos en peligro. Si Cyrus me reconoce, no sé si lograremos salir de aquí de una sola pieza y con vida.

–¿Ahora? –me replicó de mala gana–. Eres un inoportuno de mierda, ¿lo sabes?

–Ya me lo agradecerás después, mamón –le dije mientras empujaba a la perra hacia un lado y lograba que le soltara, pues estaba aferrada a él como una sanguijuela.

Le cogí con fuerza del brazo y le obligué a seguirme hacia la entrada. Una vez llegamos a la puerta me encontré con que estaba cerrada, sin embargo, hicimos palanca con una madera y, a pesar de que no sabía si lo íbamos a lograr, la abrimos si demasiada dificultad. Antes de salir me giré de nuevo, no sé por qué, tal vez un acto reflejo, mirando hacia el altar. Lo hice solo una vez, pero, por desgracia, fue suficiente para encontrarme con los ojos de Frederic Cyrus, como ya ocurrió una vez hacía muchos años. Durante unos instantes nuestras miradas se cruzaron. A pesar de la distancia que nos separaba, me reconoció y, lo que es peor, supo que yo también le había reconocido a él. Que ya no había velos entre nosotros.

Alzó la mano y me señaló con el dedo. Creí, por el movimiento de sus labios, que pronunciaba unas palabras, tal vez nos lanzaba algún wanga. Los acólitos, tanto los dos negros como las dos negras, nos miraron a su vez, mientras yo cerraba, todo lo rápido que pude, las puertas tras de mí.

X

XXVI VIII MMV
DÍAS EXTRAÑOS

DEÍSTA, s. El que cree en Dios, pero se reserva el derecho de adorar al diablo.

El Diccionario del Diablo, Ambrose Bierce

Yo que pensaba que lo había visto todo.

En mis cuarenta y siete años de vida creía que había visto todo lo que se puede ver, pero me di cuenta de que no podía estar más equivocado. Menos mal que Simón Tinville compartió la experiencia conmigo, si no, ni siquiera yo me lo hubiera podido creer. En dos días apenas hablé un par de veces con Samy después de la ceremonia. Acordamos dejar pasar un poco de tiempo, que se asentase en nuestra mente lo vivido para digerirlo mejor y, después, analizarlo con más calma. Desde luego, la perversión colectiva que se exhibió fue para enmarcarla y ponerla en un museo monográfico del marqués de Sade. La verdad es que mucho sadismo no hubo, pero la orgía comunal fue de las que hacen época y establecen un record difícil de batir. Me seguía preguntando si todas las ceremonias que celebraba el maldito Frederic Cyrus eran del mismo calado. Quizá, sin querer, fuimos a dar con el día grande de los siervos del varón Cimitiere. Vamos, como si fuera el día de Acción de Gracias, pero follándose al jodido pavo, aunque de normal ya le joden bastante al pobre animal.

La investigación, si bien estaba lejos de concluir, sí que había avanzado bastante en algunos sentidos; no en los que yo quería, pero avanzaba, al fin y al cabo. Así que me decidí a tener una entrevista con Moira Dago y hablarle de mis progresos. Debía, por otro lado, tener informados a los clientes, no fueran a pensar que estaba todos los días tocándome los huevos y bebiendo whisky.

No puedo negar que también deseaba verla.

Sin querer y sin poder evitarlo, notaba cómo crecía en mi interior, una fuerte atracción por esa mujer. Debía rechazar de plano esa sensación, que no era profesional, sobre todo, no era ética. Aunque Nicholas estaba convencido de que lo que quería era tirármela a toda costa y lo antes posible.

Le dije al maricón de mi secretario que la llamase para preguntarle si podía venir al despacho y así informarle de lo que había averiguado. El muy cabrón me respondió:

–Pero si no has averiguado nada de nada. ¿Qué le vas decir cuando la tengas delante? ¿Si te la quiere chupar?

–Te crees que me conoces, pero no sabes una mierda de mí. Lo único es que crees que todos somos como tú, si no maricones, sí unos pervertidos que solo piensan en follar.

–Tú, aparte, también piensas en beber. Sabes, Áureo, no sé que te gusta más, si esa tía o una botella de whisky, aunque me inclino por lo segundo. Es un vicio que no lograrás superar.

–Te he dicho mil veces que no me llames Áureo, joder. Eres mi empleado. Yo te pago y, si no te gusta lo que te digo, te puedes ir a la puta calle cuando quieras. Tampoco te creas que me eres tan indispensable. Para hacer cuatro llamadas y bajarte de Internet películas de maricones, no hace falta que te pague lo que te estoy pagando.

–¡Ja! Con lo que me pagas, con esa miseria, ya puedes dar gracias que me quede contigo un día más. Sigo contigo porque en el fondo me caes bien. Pero que sepas que por el sueldo que me pagas no te la chuparía ni una puta vieja, mellada y borracha.

–Tampoco me gusta que te refieras a nuestra cliente como la tía esa. Ella es la que nos está pagando a los dos. Hay que tenerle un respeto.

–Bueno, cambiando de tema, voy a llamarla –concluyó–. ¿Cuándo le digo que venga?

–Pues cuando a ella le venga bien, claro.

–¿Lo antes posible? –me preguntó sonriendo.

–Lo antes posible.

Cuando Nicholas la llamó por teléfono le advirtió que no teníamos todavía ninguna información definitiva, pero que era interesante comentarle algunos datos que habíamos obtenido en los últimos días. La mujer vino al despacho a primera hora del día siguiente. Hice un pequeño esfuerzo, ya que normalmente me levantaba sobre las once, incluso un poco más tarde. Casi siempre intentaba ponerme en marcha sobre las diez de la mañana, pero pocas veces lo lograba.

Siempre me costaba mucho salir de la habitual resaca, aunque algunas veces lo intentaba de verdad.

Moira Dago llegó puntual, sobre las diez como habíamos quedado, y Nicholas la hizo pasar a mi despacho con la amabilidad que solo sacaba de su interior cuando le salía de los cojones. Ya se sabe que los maricas son bastante finos cuando quieren y siempre se muestran inteligentes y con un exquisito don de gentes.

–Señora Dago, me alegro de verla bien –le dije, y no le mentía lo más mínimo, ya que saltaba a la vista que estaba muy, pero que muy bien. Seguía vistiendo de forma elegante, con una falda de tubo y una chaqueta cruzada de colores grises que dejó colgada en una percha. Debajo tenía una camiseta estampada con dibujos modernos y decorada con bordados dorados. Sus pechos se marcaban aprisionados por la camiseta, que parecía ajustarse a las redondeadas formas. No hubiera sido humano si hubiera logrado apartar mi vista, aunque intenté disimular todo lo que pude. Seguía con su corte de pelo, en recto por encima del hombro, dejando que sus cabellos rubios y lisos se agitaran como un abanico.

–Creo que ya le dije que me llamara Moira. Me parece que, señora Dago, me hace más mayor, y llega una edad en las mujeres en la que no nos resulta nada agradable el tratamiento que nos hace más viejas.

–Está muy lejos de ser vieja, sin duda. A años luz.

–¿No estará queriendo ligar conmigo? –atacó sin preámbulos, sin titubear.

–No, por favor –intenté dar un giro rápido a la conversación–. Siéntese y le hablaré de lo que he averiguado y el curso que ha tomado la investigación. No es mucho, ya que una semana no da para mucho más, salvo por algún golpe de suerte que, en esta ocasión, no creo haber tenido.

–Me tiene en ascuas –me apremió–, le escucho con atención. Cuénteme.

–En un primer momento el abanico de posibilidades iba por las opciones habituales; desde que su hija, molesta con el mundo, hubiera sufrido el típico ataque de inconformismo adolescente y, sumado al cansancio de su entorno, la situación de sus padres separados y el agobio del colegio, hubiera decidido largarse con algún maromo. También temí que alguna red de trata de blancas la tuviera secuestrada, e incluso se encontrase ya en algún país extranjero. La tercera opción que me quedaba era la posibilidad de que se tratase de la acción de un asesino en serie. Esta posibilidad cogió peso al comprobar que no era la única chica que había desaparecido por la misma zona y en un plazo demasiado corto de tiempo. Pero parece que no es ninguna de estas tres opciones. Desde hace unos días me estoy viendo envuelto de una forma más personal en esta trama. Es como si, de alguna manera, las desapariciones estuvieran relacionadas con un mundo que no me es ajeno, un mundo del que me creía apartado, pero en el que, sin saber cómo, me he visto metido hasta las cejas.

–Me está inquietando aún más de lo que ya estoy, si eso es posible –me dijo con el rostro marcado por la preocupación–. ¿Qué puede ser peor que una trata de blancas o un asesino?

–No digo que sea algo peor, solo diferente. Podría añadir que extraño, o más allá de lo convencional. Para que me entienda se lo diré claramente: le estoy hablando de hechos paranormales, esotéricos, magia negra, tal vez vudú.

–¡Por Dios! ¿Está usted bien? –se mostró bastante molesta con lo que le estaba diciendo.

–No olvide que vivimos en Nueva Orleans. Aquí estas creencias están muy arraigadas. No es necesario que sean del todo ciertas, es suficiente que se actúe en nombre de ellas. No tienen por qué ser reales, solo es necesario creer.

–Siga –me dijo bajando la mirada, visiblemente preocupada.

–Le voy a ser sincero –le confesé intentando apaciguarla–. En mis cuarenta y siete años de vida, solo una vez he contemplado algo que podría decirse que se encontraba más allá de lo habitual.

–Pero, con una vez es suficiente, ¿no? –alegó.

–Tenía entonces trece años. Quizá mis apreciaciones fueran incorrectas y creí ver algo que solo existía en mi mente. Lo más probable es que ya en aquellos tiempos no fuera más que un paranoico influenciado por el ambiente que me rodeaba y por las creencias de mi madre.

–¿Y bien? –me preguntó.

–Pues después de tantos años, ahora, en unos pocos días, he tenido varias experiencias seguidas que sobrepasan lo que podemos clasificar de situaciones convencionales. Y todo lo que me ha ocurrido está relacionado con la investigación de su hija. La pista más interesante que estoy siguiendo me ha llevado a darme de bruces con fenómenos, por llamarlos de alguna manera, de lo más extraños.

–Explíquese. Le está dando demasiadas vueltas. Me impacienta.

–Está bien, iré al grano. Mi secretario, Nicholas, me dio una dirección en Bourbon Strett. La primera vez que fui me encontré con un solar descampado, posteriormente acudí con Nicholas y allí había una casa. El dueño de esta se me presentó como un viejo, pero después descubrí que en absoluto era así. Es como si algo o alguien jugara y manipulara mis percepciones. El otro día acudí con un colaborador a una misa que impartía el mismo dueño de la casa. Lo que vimos allí fue un ritual de magia negra con todas las letras, pero no solo fueron ritos oscuros, sino que ante nosotros se desató la mayor orgía colectiva que nunca habría imaginado. El bonko me descubrió en la ceremonia, justo cuando me marchaba, y es posible que me lanzase un wanga.

–¿Qué es un wanga? –me preguntó.

–Un conjuro, una maldición propia de la religión vudú.

–Me intenta decir que no quiere seguir con la investigación porque está asustado, que tiene miedo.

–Ni mucho menos. Yo no he dicho eso. Lo que quiero decirle es que ahora es algo personal. Creo que estoy, estamos más bien, en el buen camino para solucionar el caso. He cogido la punta de la madeja y ahora solo tengo que estirar y estirar hasta descubrir dónde me lleva. Le aseguro que no me importa dónde sea ese lugar, ni lo que me aguarde en él. Voy a llegar hasta el fin del asunto y, para bien o para mal, descubriré qué le ha ocurrido a su hija.

–Para eso le pago. No sé si alegrarme de que se haya convertido en un tema personal. Supongo que para mí será bueno ya que pondrá más interés.

–No dude de que ya ponía todo mi interés, pero ahora, tengo que reconocerlo, el asunto ha cambiado mucho. He pasado de ser parte externa del caso y verlo desde una posición alta y ventajosa, a estar dentro del agujero. Por lo que conozco de artes oscuras, rituales y demás, sé que pueden influir mucho en las personas. Pueden hacer enloquecer a un hombre cuerdo o convertir en cruel asesino a un monje budista. Tal vez no sea, en la mayoría de las ocasiones, más que una influencia mental capaz de sugestionar en gran medida a las víctimas. Incluso puede que lo que me ha pasado a mí estos días no sea más que eso, una sugestión o un truco muy hábilmente urdido.

–Lo único que deseo es una respuesta –me dijo casi como un lamento–, que arranque de mis entrañas la terrible incertidumbre que me abruma, lo que impide que pueda conciliar el sueño más de dos horas seguidas y que cuando consigo dormir un poco, convierte mis sueños en pesadillas. Solo le pido una respuesta.

–Le juro que la tendrá –le dije seguro de mis palabras–. Aunque sea lo último que haga, aunque tenga que vender mi alma al diablo, si no lo he hecho ya.

–Me alegra escuchar su fuerte convicción, me da una pequeña esperanza de poder conocer lo que le ha ocurrido a Vanessa.

Moira se disponía a marcharse. Se levantó de la silla despacio, como esperando una frase más, como si quisiera escuchar algo más de mí. O por lo menos esa fue mi sensación.

–Tengo que decirle algo que espero no se tome a mal –me decidí al fin, sin saber, ni el porqué, ni lo que iba a decirle exactamente.

–Me intriga su tono de voz –me dijo clavando una mirada triste en mis ojos.

–Es... ¿cómo decirle? Estoy seguro de que quizá en otras circunstancias, en otro momento, si las cosas hubieran sido diferentes y el destino también nos hubiera puesto en contacto, tal vez me habría enamorado de usted.

–Vaya, me deja anonadada y sorprendida. No tengo palabras.

–No es que quiera nada, se lo aseguro –apenas me salían las palabras con coherencia–. Es decir, no quiero que piense mal. Solo es algo que he sentido de una forma visceral y no he podido evitar decírselo.

–Así que, en el fondo, bajo esa dura apariencia, es un romántico. Usted es un verdadero gilipollas.

–Lo siento –atiné a decir, avergonzado.

–Mi hija desaparecida. Alguien la ha secuestrado o... –enmudeció durante unos segundos, dejando el resto de la frase en el aire–, y usted, el gran detective, se pone chocho y a decir chorradas sin más.

Como siempre, mi secretario Nicholas estaba cotilleando y pude intuir, más que ver, cómo se estaba partiendo de risa. El muy maricón estaría sufriendo lo indecible para aguantarse la meada. Deseé que, si era así, le reventase la vejiga y se lo hiciera encima.

–No sé qué decir –le confesé arrepentido de mis insensatas palabras.

–No diga nada, no importa. Lo único que importa y quiero es que se ponga a trabajar, que indague en las nuevas líneas de investigación y, recuerde: solo una respuesta.

–Muy bien, Moira, le agradezco que haya sabido disculpar mi torpeza.

–Llámeme cuando sepa algo más –concluyó mientras se marchaba.

Cuando Moira cerró la puerta del despacho apareció, como bien sabía que lo haría, Nicholas Matrie. La sonrisa que se perfilaba en su rostro, le llegaba de oreja a oreja. Tenía tantas ganas de descojonarse de mí, que no atinaba por dónde empezar.

–Ya me dirás si eres o no un capullo integral –me dijo al fin Nicholas con toda la razón–. Es lo que me quedaba por oír. Perdona que te diga, pero has hecho el mayor gilipollas que he visto nunca en mi vida.

–Cállate, por favor, bastante he hecho ya el ridículo.

–No me jodas. ¿No será verdad que estás enamorado?

–¿Qué dices? ¿Como puedes pensar eso? Yo nunca me voy a enamorar de nadie, te lo aseguro. Quizá en otro tiempo, pero ya no tengo edad para esos juegos.

–Entonces te la quieres follar por la vía romántica, sobándole el oído con mermelada y azúcar. ¡Serás cabronazo!, y me decías que no.

–Está bien –reconocí, aunque creo que más para que se callara que por otra cosa–, tienes toda la puta razón. Está muy buena, condenadamente buena. ¿Qué quieres que haga?

–Pues reconocerlo y no ir por ahí de tío duro y sin sentimientos. Que yo sé que los tienes, aunque escondidos. Por cierto, voy a tener que salir y coger el día libre, si no te importa.

–Por mí, para lo que haces. Te puedes largar.

–Gracias Áur... digo jefe. Nos vemos mañana.

–Sí, anda, lárgate de una puta vez a ver a tu novio para que te dé por el culo.

–Bien que lo sabes –me dijo mientras cerraba la puerta del despacho.

Después escuché cómo apagaba el ordenador y hacía lo mismo con las luces de la entrada. Me quedé solo. No tenía muchas ganas de trabajar, así que pensé en tomarme unos tragos en la oficina y recapacitar un poco sobre mis torpes palabras a Moira. No tenía claro por qué había actuado así, qué era lo que me había llevado a pronunciar aquellas frases. ¿Me estaría enamorando de verdad como había advertido Nicholas? No, supuse que no. Aunque tampoco estaba muy seguro de que no fuera así. La verdad es que no podía saberlo seguro, nunca había padecido, afortunadamente, esas sensaciones. Las únicas más parecidas al enamoramiento fueron el cariño que le tenía a mi madre, Docelia Marie Lachaise y, en menor medida, a Mama Bessi. Por Moira sentía una atracción muy fuerte, que iba más allá del mero deseo de acostarme con ella. Tal vez el whisky, que era un gran confesor, me sacase la verdad escondida. Si no, al menos dormiría bien.

O eso pensaba yo.

Me acosté, cuando mi cuerpo ya no aguantaba más, en un sillón del despacho. Aunque antes de dormir vomité un par de veces, me encontraba bastante bien en aquellos momentos. Como imaginé, el whisky no me dijo gran cosa de mis sentimientos, pero al menos consiguió que no me importaran. A tomar por culo los sentimientos, pensé, mientras el hombre de arena echaba tierra sobre mis párpados y yo entraba, como un niño, en el reino de los sueños.

Tuve una pesadilla.

En ella volvía a revivir la ceremonia que ofreció Frederic Cyrus. Recreaba de nuevo aquellos momentos. Cada imagen sucedía a otra de forma similar a lo ocurrido aquel día. Pude ver de nuevo al boko fornicando como un animal sobre la mujer negra y a sus ayudantes eligiendo hombres y mujeres entre los asistentes para seguir su ejemplo. Sin embargo, en mi pesadilla sus rostros cambiaban de forma adquiriendo aspectos inhumanos, sus cuerpos se deformaban convirtiéndose en criaturas que parecían sacadas de la mente de un perturbado. Me vi rodeado de decenas de ellas, unas parecían inmensas arañas, otras serpientes a las que les habían crecido extremidades, otras se encorvaban en posiciones simiescas e imposibles. Poco a poco, todas fueron reparando en mi presencia, me miraron con ojos como estrellas cargados de odio. No me podía ocultar, quería escapar de allí a toda costa. Pero, como ocurre en muchas pesadillas, mis pies parecían pegados al suelo y aquellas criaturas se acercaban lentamente hacía mí, instigadas por los mandatos de Frederic Cyrus, que les ordenaba con sus gritos que me devoraran vivo. Por suerte, aquellos seres, aunque avanzaban, no parecía que estuvieran a punto de cogerme, siempre mantenían la misma distancia. Busqué con la mirada a Simón Tinville. De alguna manera, en el sueño sabía que, como ocurrió en la realidad, también había acudido conmigo al templo, pero no lo hallaba por ningún lado. De pronto lo vi de espaldas, por sus movimientos de cadera debía estar follando o por lo menos dando por culo a alguien. Intenté llamarle, pero no conseguía que la voz me saliera de la garganta, era como si me hubiera quedado mudo. Entonces Samy se giró hacía mí. Pero aquel rostro no era el de mi amigo. Eran las facciones de un monstruo inimaginable. Su cara estaba abierta por la mitad y cada lado estaba limitado por una fila de afilados colmillos cubiertos de sangre. Sus ojos eran dos pequeñas perlas de ébano que reflejaban un abismo de oscuridad. Su piel, de la que se desprendían jirones de pelo y carne, parecía llena de costras. Era como si tuviera la lepra.

Aquella visión me hizo reaccionar en el propio sueño. De pronto estaba frente a la puerta de salida del recinto. Mi corazón se estremeció ante la posibilidad de que estuviera cerrada, pero no fue así. Salí al exterior, era de día. Aunque no se veía el sol, la claridad era muy intensa. En el cielo avanzaban unas nubes de tormenta. Escuché el graznido de un cuervo que revoloteaba por encima de mi cabeza, como si se tratara de un buitre a la espera de verme caer desfallecido y darse un buen festín con mi carne y mis huesos. El cuervo aleteó con furia y clavó su mirada oscura en mí.

Eso me hizo despertar.

Me había dormido con una botella de whisky que todavía sujetaba en mi mano, como si me estuviera hundiendo en arenas movedizas y fuera el único asidero al que poder aferrarme. Intentaba reaccionar, despejar mi mente repleta de telarañas y despegar los párpados unidos por las legañas y el cansancio. Entonces tuve una sensación preocupante. Algo no iba bien, de alguna manera lo intuía, lo presentía. Notaba que mi garganta se cerraba y la respiración, por momentos, se me hacía cada vez más dificultosa. De pronto noté como si me hubiera tragado un trozo inmenso de algodón. Intenté, con los dedos, sacar lo que taponaba el aire de mis pulmones, pero no había nada. Me estaba ahogando y no podía evitarlo.

Mis ojos recorrieron desesperados la habitación, buscando algo que pudiera salvarme. No sé exactamente lo que esperaba encontrar, pero al poco me fijé en un objeto que no cuadraba en el despacho, algo que no debía estar allí. Al lado del sillón donde me había dormido, descansaba una pluma negra y brillante como la de un cuervo, justo como el animal con el que había soñado momentos antes. Apenas me quedaba tiempo para reaccionar. El aire me faltaba y estaba notando cómo la desesperación empezaba a enloquecerme. Mi mente intentaba buscar una solución, quería recordar, pero por el momento no lo lograba. Había algo que podía salvarme si aún me quedaba tiempo, tenía que descubrir qué. Entonces, como si se hubiera encendido de repente una luz en mente, supe lo que debía hacer y lo tenía que hacer con la mayor rapidez posible. Necesitaba unas tijeras, unas simples y afiladas tijeras. Como aquella vez del pasado cuando el hijo de puta de Cyrus envenenó a mi madre después de pasar la noche con ella, tal vez torturándola, quizá follándosela. Durante muchos años dormí siempre con unas tijeras debajo de mi almohada, pero pasado un tiempo, cuando empecé a olvidar, también dejé de hacerlo. No debí perder las buenas costumbres. Si salía de esa, juré que, durante las noches, siempre tendría antes a mi lado unas buenas tijeras que unas buenas tetas.

Literalmente salté sobre la mesa del despacho. Decenas de hojas se esparcieron por el suelo, un abrecartas que no me servía, unos lápices, un cenicero de cristal que se rompió al caer fragmentándose en miles de trozos. Arranqué los cajones del escritorio y, cuando la vista empezaba a nublarse, vi un brillo metálico que despuntaba entre los objetos caídos de uno de los cajones. Eran unas tijeras, pequeñas, casi sin filo, pero seguro que me servirían. Me lancé sobre la pluma de cuervo y la corté. Al momento, como si se hubiera roto una pared, el aire entró como un huracán en mis pulmones. Caí de rodillas tosiendo e intentando controlar mi respiración. Tenía en mis manos la pluma partida en dos. Enseguida cogí un mechero y le prendí fuego. Entonces, como me enseñó a hacer mi madre, recogí las cenizas que quedaron y las lancé al exterior por la ventana, para que se desperdigaran a los cuatro vientos.

Tuve la absoluta certeza de que en esa ocasión me había librado por los pelos. Alguien había dejado la pluma cerca de mí, aprovechando que estaba dormido y borracho como una cuba. Podían haberme matado con las manos, pero prefirieron hacerlo a la vieja usanza del vudú. Ese Cyrus era un grandísimo hijo de perra. Entonces tuve claro que corría un serio y real peligro. Ese personaje maligno no podía ser tomado a broma, ni menospreciado, pero no pensaba hacerlo. Había aprendido la lección por las bravas.

Recordé que el día de la ceremonia también me había acompañado Simón, el bueno de Samy y, con seguridad, también fue visto por Cyrus y sus acólitos. Debía llamarle y prevenirle lo antes posible. Era muy probable que él también estuviera en peligro de ser atacado.

Era casi mediodía, buena hora para que Simón ya se hubiera despertado. Le llamé por teléfono varias veces. No me contestó.

XI

EN EL CREPÚSCULO

Dame algo en qué creer,/en este infierno que llamas sueño./Chocando cada vez,/el caos me vuelve loco como un animal./Solo quiero respirar./Tal vez no quiero estar,/en este infierno que llamas sueño./ Infierno que llamas sueño.

Infierno que llamas Sueño, The Warning

Todavía mantenía la insufrible sensación de estar siendo ahogado por manos invisibles. La garganta era como un pedazo de carbón reseco que hubiera ardido en un incendio. Apenas podía tragar. Lo intenté con agua tibia, pero era como fuego dirigiéndose a mi estómago. Escupí varias veces y me senté en el sillón, intentando recuperarme poco a poco. Debía relajarme y recapacitar sobre lo que me había ocurrido. Desde luego alguien había conseguido llegar hasta mi despacho, entrar como si nada y, sigiloso, aproximarse hasta donde dormía para ponerme la pluma negra a mi lado; de modo que, al despertar, me encontrara con la desagradable sorpresa de ver el amanecer del día de mi muerte. Como sabía bien, aquella era una forma cruel de acabar con los enemigos, muy utilizada y extendida en los ambientes del vudú. Lo peor no era en sí la muerte que, desde luego ya era algo, obviamente, bastante jodido, pero con métodos similares lo que se buscaba era un castigo después de que la vida abandonara el cuerpo. Normalmente llevaba el alma de la víctima a un lugar que no era ni cielo ni infierno. Era un vacío donde merodeaban espíritus malignos, también condenados, que se entretenían en torturar durante la eternidad a los desdichados que caían en sus manos, o en sus garras, o lo que coño tuvieran. Era, según la religión vudú, una especie de venganza sin ninguna muestra de piedad, muy parecida a condenar a uno a las llamas del Averno. Ya me lo dijo mi madre aquel horrible día de su muerte.

Tenía la certeza de que me había librado por muy poco de ese destino en el que la muerte era lo menos preocupante. Por eso me temblaban las piernas y el corazón latía desbocado como si acabara de correr la maratón de Nueva York sin parar un instante, lo que, puedo asegurar, para mí sería casi como matarme directamente. Creo recordar que la última vez que hice un par de kilómetros tiré hasta la primera papilla. La verdad es que no era un buen atleta, salvo en la modalidad de barra libre.

Estaba seguro que el culpable era el boko Frederic Cyrus. Me vio escapar de su ceremonia y quería acabar conmigo de una vez. Ahora, lo que más me preocupaba era que también había visto a Simón y que, si le había reconocido o averiguaba dónde encontrarlo, su vida también correría peligro. Para mi desasosiego, Samy no contestaba a mis llamadas.

Sin arreglarme y sin estar recuperado del todo de la terrible y mortal experiencia, me dirigí a toda prisa a casa de mi amigo. Bajé las escaleras de los seis pisos saltando los escalones de tres en tres, algo que no había hecho desde que era un niño y que, como podía comprobar, afectaba duramente a mis piernas y mis rodillas, que se estremecían a cada salto. Pero no podía perder tiempo y el ascensor era tan lento que a veces era mejor no esperarlo, ni siquiera cogerlo, incluso estando en el mismo piso.

Ya en la calle, el cielo estaba completamente cerrado. Las nubes de una incipiente tormenta se agitaban como gigantes enfurecidos amenazando con reventar de un momento a otro. Se había levantado un fuerte viento y la gente corría de un lado a otro intentando, cuanto antes, llegar a sus destinos y refugiarse de la que parecía iba a caer, con mucha mala leche, en unos instantes. A pesar de todo seguía haciendo calor, un calor bochornoso que convertía el sudor en una pasta que adhería la ropa al cuerpo. Aunque me costó algunos minutos dar con alguno, al final cogí un taxi, era la única forma de llegar lo antes posible, cualquier otro transporte hubiera tardado una eternidad; aún así no iba tan rápido como hubiera deseado. Dos o tres calles después nos encontramos metidos de lleno en un atasco.

–¡Por favor! –le dije al taxista, un negro con rastras a lo Bob Marley–. Sácame de aquí como puedas, te pagaré el doble.

–Bueno, haré lo que pueda. Si tenemos suerte y conseguimos salir del cruce con la Plaza Jackson, conozco un pequeño atajo que nos permitirá llegar antes. ¿Tantas ganas tienes de echar un polvo, amigo? Conozco sitios mejores que la Flor de Lys.

–¡Joder, tío! ¿A ti que te importa? –le respondí empezando a cabrearme–. Lo único que quiero es que me lleves a toda hostia. No se trata de follar, ¡coño!

–Vale, amigo, vale. Era una sugerencia.

El taxista me tomó en serio, porque iba muy en serio. Cruzó tres carriles de coches atascados con el consiguiente acompañamiento de pitidos e insultos de los otros conductores atrapados y logró introducirse por una callejuela que cualquiera hubiera pensado que no tenía salida. Afortunadamente no fue así y, después de pasar por un lugar tan estrecho que incluso tuvimos que cerrar los retrovisores para poder atravesarlo, salimos como por arte de magia a la avenida St. Charles, que estaba bastante despejada. Después cogimos la calle Canal. Al poco pasamos por la catedral de San Luis. Ya estábamos muy cerca de la Flor de Lys.

–Gracias, amigo –le dije al taxista mientras le pagaba el doble del precio de la carrera, tal como había acordado–. Lamento haberme puesto como una fiera. Es que es un asunto urgente.

–No hay de qué –me respondió mirando los billetes–. Espero volver a encontrarte alguna otra vez, también con prisas. Y no te preocupes, todos tenemos urgencias alguna vez. Te comprendo.

El taxi se alejó y yo me quedé plantado unos segundos frente a la puerta del antro, mientras el viento agitaba, no solo mi cuerpo y mi ropa, sino también mi alma, estremecida como si fuera una hoja bajo la tormenta.

Como siempre, en el interior del local una banda de jazz amenizaba el ambiente tocando antiguas canciones. Nueva Orleans no sería nada sin el jazz, es su música y la lleva en su sangre etérea. Son los cantos de un mundo lejano y arrebatador. Son los sonidos que definen y surgen de su espíritu. La ciudad tiene un alma negra.

Yo no era un tipo que acostumbrara a llevar armas de fuego. No me gustaban, la verdad. Sin embargo, siempre tenía una pistola guardada en un cajón de mi despacho, ya se sabe, por si las moscas. Concretamente, mi amiga era una «nueve milímetros» que nunca había utilizado. Dormía plácidamente como una holgazana, y ni siquiera sabía si funcionaba. En su momento hice algunas prácticas de tiro a las que solía acudir ligeramente borracho. Debo reconocer que no era malo del todo, tenía un no se qué innato para lo de la puntería. En esos momentos, algo me decía que tenía que haber cogido la pistola. Mi instinto forjado en las calles y en una cierta penuria, añadida a momentos demasiado trágicos, por lo general no solía equivocarse, y mucho me temía que en esta ocasión iba a acertar de pleno.

Me enfrenté a la escalera oscura que ascendía siempre hacia las sombras, como si se tratara de una cueva en la que esperaba una manada de lobos dispuestos a tenderme una trampa y devorarme hasta los huesos. Sabía o esperaba que, al final, donde los escalones daban paso a las habitaciones, se encontraría Simón Tinville rodeado de sus habituales fulanas. Ya estaba acostumbrado. Era como una tradición que, esperaba, no acabara nunca.

La puerta estaba abierta, no podía ser de otra manera. Siempre era así. Era una invitación a la lujuria, como decir a las golfas que pasaran sin miedo, que allí iban a ser bien atendidas. En cierta forma, Samy siempre había sido un tipo demasiado confiado. No solía buscarse problemas, y por esa razón pensaba que los problemas tampoco lo buscarían a él.

El pasillo estaba oscuro y el silencio casi era una entidad física. A veces, cuando ocurren acontecimientos significativos, el aire se impregna de elementos invisibles que flotan y se adhieren a la piel, sin saber cómo. Son las sensaciones, los sentimientos desatados, el entusiasmo, la euforia, el sexo, el placer, pero también el dolor, el sufrimiento, y uno de los más poderosos: el miedo. Cuando respiré el aire que exhalaban las habitaciones me di cuenta enseguida que algo, y no bueno, había pasado entre esas paredes.

A veces, cuando se entra en un lugar, cuesta acostumbrar la vista a lo que hay en él. No se consigue centrar la mirada en algo concreto, sino que va de un lado a otro incapaz de tomar conciencia de lo que se tiene delante de los ojos o, tal vez en algunas ocasiones, queriendo ignorar premeditadamente una visión que la mente se niega a aceptar.

Reconocí la estampa, que me resultaba demasiado familiar, del sillón cubierto de almohadones, de las mantas revueltas y dejadas caer sin orden y una tela de raso decorada con detalles sexuales que ya había visto en cada visita. Tres velas ardían sobre una mesa, creando un ambiente falsamente eclesiástico. Las lámparas estaban apagadas excepto una en el techo que emitía una luminosidad ínfima. Los cuadros con pinturas eróticas aguardaban impertérritos mientras mostraban sus lujuriosas escenas. El antro de Simón estaba, más o menos, igual de desastrado que en otras ocasiones, todo se encontraba en su lugar habitual, aunque ese lugar fuese un verdadero desorden, únicamente determinado por el azar al que se entregaba la dejadez extrema de mi amigo.

Entonces lo vi.

Primero me pareció un bulto que había sido dejado sobre el sillón. Quizá los mismos almohadones y las mantas formando figuras que se perfilaban angulosas bajo la luz trémula de las velas. Pero cuando me fijé más me di cuenta, al tiempo que me estremecía de arriba a abajo, que era un cuerpo humano. Me acerqué con un sobrecogimiento atenazándome el corazón.

Temía encontrarme lo peor y así ocurrió.

Fue todavía más terrible de lo que hubiera podido imaginar. Era como estar inmerso en una verdadera pesadilla. Dos pasos más y la certeza me abatió cayendo sobre mí como una losa de granito. Sin duda alguna era Samy, y estaba muerto. Le cogí la muñeca buscando desesperadamente el pulso, algo que me hubiera dado alguna esperanza de haberme equivocado en mi primera apreciación, pero no lo hallé. Su cuerpo estaba todavía caliente, pero ya sin vida. Sus ojos abiertos miraban hacia el techo de la habitación, donde la lámpara emitía una tenue luz amarillenta y cansada, a tono con la de las velas. Le puse dos dedos en el cuello para comprobar si la yugular tenía pulsaciones, pero era como un río seco en el que ya no discurría el caudal de la vida. Como última opción intenté escuchar el sonido de su corazón. Necesitaba oír solo un latido que me dijera que aún no era demasiado tarde. Situé mi oreja en su pecho, no escuché nada, pero noté una humedad viscosa y pegajosa. Me separé espantado. Toda mi cara estaba llena de sangre. Entonces me di cuenta de que en su pecho había una herida profunda y tremenda. Alguien le había abierto el torso como lo haría un carnicero. Pude ver bajo la escasa luz, cómo sobresalían parte de algunas costillas y el esternón destrozado.

Le habían arrancado el corazón.

Pero no era solamente eso. El asesino, fuese quien fuese, se había ensañado con él. El brazo izquierdo de Simón estaba desgarrado en algunos puntos, incluso se veía el hueso. Era como si le hubieran mordido. Mi mente se resistía a admitirlo, pero aquello tenía la apariencia de que alguien lo había estado devorando y, con toda probabilidad, tuvo que dejar precipitadamente su almuerzo cuando escuchó que me acercaba. El corazón de mi amigo no estaba por ninguna parte.

El miedo que sentía dio paso a una incontrolable rabia. Lo iban a pagar con creces, pero antes les darían por el culo dentro de la cárcel durante el resto de sus miserables vidas. Los huesos de sus asesinos se pudrirían entre rejas. Cogí su mano por última vez. Nunca he sabido rezar, pero intenté rogar por su alma.

Entonces, a pesar de encontrarme apesadumbrado y furioso, noté con claridad un leve movimiento a mis espaldas, fue como una agitación en el aire. Un escalofrío recorrió mi cuerpo cuando vi una sombra pasar por mi lado como una exhalación. Allí había alguien más, no estaba solo. El asesino o los asesinos seguían allí.

Apenas pude reaccionar a tiempo. La sombra saltó sobre mí en total silencio, sin un grito de aviso, ni un insulto, como una bestia letal. Sin saber bien cómo, me cubrí con los antebrazos intentado protegerme instintivamente del ataque. Un cuerpo oscuro se abalanzó y me hizo caer de espaldas, justo encima del cadáver de Samy. Cuando pude centrarme me di cuenta que tenía enfrente a la mujer negra que Cyrus se había follado en la ceremonia. Aquella hembra felina, de músculos tensos, de labios gruesos, que me había llegado a excitar aquel día, era la enloquecida asesina de Samy. Su boca estaba llena de sangre y algunos pedazos de carne sobresalían entre sus dientes. Sus ojos no tenían ninguna expresión, eran fríos y desalmados, en ellos no encontré signos de odio, solo de determinación, como si fuera un animal salvaje, una fuerza de la naturaleza incontrolable. Me sentí enfrentándome a una pantera que lo único que pretendía de mi era alimentarse para sobrevivir, sin odio y sin ningún tipo de rencor propio de los humanos. Pero yo, en esos momentos, no era la madre de Bambi, precisamente.

Mantenía sus manos lejos de mí, sujetándola por las muñecas para que no me sacara los ojos con sus uñas, y evitaba sus intentos de morderme dándole cabezazos desesperados. Como pude situé mi rodilla entre sus pechos, iba desnuda a excepción de unas minúsculas bragas, y con gran esfuerzo la arrojé a un lado. Dio un giro de cintura y cayó como un gato.

–No te había reconocido con las piernas cerradas y con las bragas puestas –le dije, pero el chiste no me sirvió de nada. Me atacó de nuevo saltando sobre mí con las manos formando garras, como un tigre dispuesto a desgarrar a su víctima sin piedad. Pero esta vez estaba precavido. Aprovechando su propia inercia, la esperé hasta el último momento y, cuando estuvo a mi alcance, le propiné un puñetazo de frente que fue a darle de lleno en las narices. La sangre y algunos de sus dientes saltaron por los aires; la envió de espaldas contra el suelo. Antes de que pudiera reaccionar me lancé sobre ella y le volví a golpear en la cara, una y otra vez. La guarra no emitía ni un lamento de dolor. Me detuve un segundo para respirar y recuperar fuerzas. La muy zorra aprovechó ese instante y se retorció ejerciendo tanta fuerza que me separó de ella. En silencio se puso de nuevo en pie, manteniendo una actitud amenazante.

Era la imagen de un ser de pesadilla.

Por un lado, su cuerpo desnudo mostrando sus pechos bamboleándose de un lado a otro y sus caderas dibujando unas curvas perfectas, podían resultar una imagen sexual;

pero por otro, su boca manchada de sangre, sus manos crispadas como las garras de un águila dispuesta a la caza y sus ojos sin alma, llenaban la mía de temor, aunque mi instinto me decía que no debía mostrar debilidad; tal vez era mi única esperanza para salir de allí con vida. No tenía que darse cuenta de mi miedo. Entonces vi el cuerpo maltratado y sin vida de Simón Tinville y no pude controlar el odio y la rabia.

Me lancé como un loco sobre la mujer y la golpeé de nuevo con todas mis fuerzas. Ella, a su vez, consiguió arañarme la cara y me dejó cuatro regueros de sangre que, si tenía suerte y salía vivo, se convertirían en otras tantas cicatrices. De repente me empujó y se dio la vuelta intentando escapar. Esa acción me cogió por sorpresa, la verdad es que esperaba que se enfrentara a mí hasta que uno de los dos pasase al otro mundo, pero no que huyera. En ningún momento había visto un atisbo de temor en sus ojos.

La asesina cruzó corriendo el pasillo y bajó las escaleras para salir a la calle. La seguí tan rápido como pude. Pasamos ante la banda de jazz, que continuaba tocando sus canciones; ninguno pareció advertir nuestra presencia. En la Flor de Lys se veían habitualmente escenas que podían hacer palidecer de vergüenza a la que en esos momentos estaban contemplando los músicos. Ver correr a una negra desnuda y tras ella a un blanco borracho no era algo de lo que extrañarse por aquel barrio y menos en aquel edificio.

Estaba lloviendo con mucha fuerza y las calles se presentaban prácticamente vacías, excepto de vehículos parados en los atascos, con los cristales empañados, ajenos como espectros a lo que ocurría a unos metros de donde se hallaban.

No iban a abandonar la comodidad y, mucho menos, la seguridad que les proporcionaban sus cajas de metal.

La mujer corría bajo la lluvia y yo tras ella. Aún era capaz de maravillarme de los movimientos de su cuerpo, su espalda arqueándose a cada zancada, sus nalgas brillando mojadas por la lluvia reflejando la triste claridad del día. Sabía que si la carrera duraba más tiempo no podría alcanzarla, ya que ella no parecía cansarse, al contrario que mis piernas y mis pulmones a punto de estallar. Entonces se resbaló y se dio de bruces contra la acera mojada. A punto de alcanzarla se giró sobre sí misma y, casi gateando, se adentró en un callejón, tal vez con la esperanza de que no la siguiera o de que pudiera esconderse en algún rincón donde no la encontrara.

Era una callejuela estrecha. El agua caía también por docenas de canaletas, juntándose con la lluvia y la que recorría el suelo. En algunos lugares se podían ver los tendederos todavía con ropa que no habían retirado. Varios cubos de basura medio rotos estaban arrimados a las paredes, rebosantes de bolsas y desperdicios. La mujer se detuvo, era un callejón que no tenía salida. Enfrente de ella un muro insalvable le mostraba el final del camino y de la huida. No podía ir a ningún sitio excepto regresar por donde había venido.

Se dio la vuelta despacio, resignada, no tenía otro remedio que enfrentarse a mí y eso me asustó. No hay nada más peligroso que un animal herido acorralado, cuando sabe con seguridad que no tiene nada que perder. Juro que me pareció una diosa de ébano, como una escultura de una divinidad africana, salvaje, hermosa, primordial, una fuerza de la naturaleza desatada; era como una tormenta en la sabana, donde no hay posibilidad de cobijo, donde el cielo se rompe bajo los relámpagos y el viento; una pantera hambrienta que se encaraba contra su cazador, dispuesta a vender cara su vida, hasta su último aliento. Sus pechos se agitaron levemente cuando flexionó sus piernas y de un salto se dirigió hacia mí.

Con un veloz movimiento sus manos se aferraron a mi cuello. Intenté zafarme de ella, pero no pude. Hice lo mismo y apreté también su cuello con todas mis fuerzas. Durante un instante fuimos dos amantes enlazados bajo la lluvia. Una irónica escultura dedicada a los enamorados del mundo.

Por un momento me sentí desfallecer, pero entonces vino a mi mente la imagen de Simón muerto, tumbado sobre el mismo sillón donde había llevado a cabo tantas orgías. Recordé su pecho abierto como el de un cordero en el matadero, su mirada perdida, y mis dedos se tensaron como tenazas de acero imprimiendo renovadas fuerzas sobre el cuello de la furcia. Poco a poco, las manos de la mujer dejaron de ejercer presión. Sus dedos se deslizaron por mi pecho como si bajaran para encontrarme el sexo. Momentos después el cuerpo se desplomaba inerte mientras yo seguía apretando con más y más fuerza, cegado por el odio y una rabia inmensa.

Al final cayó sobre el suelo del callejón y yo, a su vez, también clavé la rodilla agotado, exhausto. Continuaba lloviendo, una lluvia tropical, densa y caliente. Entonces rompí a llorar como un niño. Si me hubiera visto Samy, me habría dicho que era un maricón de mierda, como mi secretario.

Me aparté a un lado y saqué el teléfono móvil. Mi primera intención fue llamar a la policía, incluso llegué a marcar algún número, pero me detuve, ¿qué iba a decirles, que mi amigo había sido parcialmente devorado por una mujer negra poseída por algún demonio mediante un ritual vudú? ¿Que no era una mujer, sino un monstruo sin mente y sin alma que le había arrancado el corazón del pecho? ¿Que tal vez era un zombi? La verdad es que lo tenía muy complicado. Esos asuntos eran demasiado increíbles como para denunciarlos a la policía. Colgué la llamada antes de que contestaran, no sabía qué decir. Me di cuenta de que estaba solo, como siempre lo había estado. No iba a tener ayuda de la policía, ni de ningún amigo. El único en el que podía confiar, además de Nicholas, se encontraba sobre el suelo de la habitación del piso superior de la Flor de Lys. Yo esperaba que estuviera muerto en el sentido normal de la palabra. Que su cuerpo no tuviera vida, pero, sobre todo, que su alma estuviera en paz. Esperaba que Simón, para Frederic Cyrus, no fuese más que un don nadie con el que no merecía la pena perder su tiempo, ni gastar sus energías con dificultosos rituales que no harían más que debilitar al boko sin necesidad. Porque, estoy seguro, el hijo de puta estaba convencido de que iba a ir a por él. Supuse que, para él, Simón no era más que un peón y que se conformaba con darle una muerte dolorosa, más dirigida hacía mí, que verdaderamente para joder a mi amigo. Por mucho que me pesara, por el momento, no podía volver a la Flor de Lys.

Arreciaba la lluvia y el callejón era un conducto por donde el agua de las alcantarillas estaba comenzando a supurar, como el pus de los granos al reventarse, como una herida infectada. A mis pies el cuerpo desnudo de la negra yacía sobre el agua. Sus ojos en blanco miraban sin ver hacía el cielo, sus pechos parecían dos globos desinflados; habían perdido su firmeza y se desgranaban sin vida como frutas demasiado maduras y pasadas. De sus labios brotaba un poco de sangre oscura, como si fuera un hilillo de petróleo. Al mirarla detenidamente llegué a pensar si no estaba ya muerta cuando se enfrentó a mí, si acaso esa determinación salvaje no era sino el sufrimiento contenido tras la muerte en vida, el anhelo de un aliento que se le había arrebatado. No parecía sentir dolor, no mostraba sentimientos. Recordé a los zombis, muertos en vida, condenados a obedecer a sus dueños, a los bokos que los resucitaban y arrancaban del descanso de sus tumbas. Pero ahora eran cuestiones que no me importaban demasiado.

Pensé en llamar a Nicholas, pero me detuve en el último momento. No quería complicarle la vida de ninguna manera, cualquier cosa que le hubiera dicho lo habría involucrado más en el asunto. Decidí que más tarde, por su propio bien, tendría que despedirlo. Le diría cualquier chorrada: que no aguantaba sus mariconadas, que no le iba a pagar nunca, que iba a dejar el oficio para dedicarme a la cría de caracoles. Lo que fuera, pero debía alejarlo definitivamente de este mundo infesto y peligroso.

Pero antes iba a acercarme por el 108 de Bourbon Strett para hacerle una visita de cortesía a Frederic Cyrus. Seguro que no me iba a recibir con la misma alegría que en Navidad o en el jodido día de Acción de Gracias se recibe a la familia. Esas efemérides se reservan para los amigos y no para las visitas inesperadas e inoportunas. Exactamente como la que yo estaba dispuesto a realizarle.

XII

EL UMBRAL DE LA LOCURA

¿Qué es esto que está delante de mí?/Es un demonio que me señala./Rápidamente doy la vuelta y comienzo a correr./Me doy cuenta que soy el elegido./¡Oh, no!/ Es un demonio enorme, vestido de negro, con ojos de fuego.

Black Sabbath, Black Sabbath

Pasé ante la puerta del cementerio de San Louis, quizá el más famoso de Nueva Orleans. La zona había dejado de ser una de las más peligrosas de la ciudad. El ayuntamiento se había esforzado de verdad en limpiarla de vagos y delincuentes. Así, los turistas podían visitar las tumbas con más tranquilidad. Llegaban con el morbo natural de pasear entre los muertos recorriendo los mausoleos de personajes famosos, cuando no legendarios: piratas, prostitutas respetadas y reconocidas; artistas, desde escritores que nadie recuerda hasta músicos adorados; políticos corruptos, médicos. Pocos sabían que, en otros tiempos, era frecuente que el agua y las fuertes corrientes que se formaban en el subsuelo desenterraran los cadáveres, dejándolos esparcidos junto con restos óseos más antiguos que el mismo cementerio, incluso más que la misma ciudad, de un tiempo en el que solo había pantanos. Después se comenzaron a construir mausoleos de mármol y los muertos dejaron de surgir de sus tumbas.

En las paredes del camposanto se podían ver muchas veces desde dibujos cabalísticos, pequeños ramos de flores y monedas, hasta tributos que dejaban en pequeños altares en devoción a los enterrados, en honor a la vida y la muerte. También era sabido que algunos lunes se celebraban ceremonias a las que acudían practicantes del vudú, magia blanca y diversas hechicerías; solía ser un buen reclamo para los entusiasmados turistas. Se rezaba y se cantaba en un lenguaje que pocos entendían. Los participantes se contorsionaban al ritmo de los tambores y se quemaban grandes cantidades de incienso y copal. Para lograr el favor de los Loas benignos y la protección contra los malignos se recomendaba a los visitantes dejar siete monedas de diez centavos. Al final, como suele ocurrir, resultaba ser un lucrativo negocio que muchos se empeñaban en explotar. No sabían que estaban jugando con fuego. El vudú puede mostrar su cara amable, la de una religión exótica que alardea de su folklore a los ojos de los neófitos, con una combinación caótica de cristianismo y mitologías africanas. Pero el vudú es mucho más que eso. Es una puerta a un mundo oculto que rompe con las leyes de la naturaleza, o quizá se aferra más a ellas de lo que nunca podremos imaginar. Entonces aparece su rostro perverso, corrompido, malvado, pues el dominio de esas fuerzas cae bajo la voluntad de seres que solo buscan complacer sus más bajos y pervertidos deseos, el poder absoluto, causar dolor, gobernar sobre la vida y la muerte. Son los bokos, sacerdotes malignos adoradores de Damballa, del varón Samedi, de los Loas de la oscuridad llamados Bakas. Conocen los peores wangas, los conjuros y maldiciones más horribles, que no dudan en utilizar para sus fines. Yo iba a enfrentarme al peor de ellos, a Frederic Cyrus.

Me alejé del cementerio, debía respetar el descanso de los muertos que, con el agua que caía y desde el tiempo que lo estaba haciendo, no me extrañaría que volvieran a salir de sus tumbas para hacer un recorrido espectral por el mundo de los vivos. Quizá si los cadáveres tuvieran conciencia se pondrían de acuerdo para hacerlo todos a la vez y así sacarles el dinero a los turistas, que aplaudirían con entusiasmo el espectáculo. Ya se sabe: siete monedas de diez centavos.

Alrededor de un cuarto de hora después me encontraba frente a mi destino. Esta vez la casa del 108 de Bourbon Strett estaba allí. Tenía un aspecto tétrico en el que no había deparado la última vez que la visité. Se me antojó un cadáver a medio salir de su tumba, después de un ritual vudú o tras una inundación del cementerio de San Louis.

Crucé con paso calmado, al contrario que mi alma, el pequeño jardín que me separaba de la entrada. Las flores continuaban en su sitio, embelleciendo con sus colores y su aroma el lugar. Aquel ser, no lo podía llamar de otra manera, parecía adorar tanto la vida como la muerte, algo que por otro lado era muy habitual en el vudú. No sabía lo que me podía encontrar tras la puerta que me cerraba el paso. Era muy arriesgado presentarme así, sin un plan, directamente en la boca del lobo, pero no me importaba. Estaba demasiado harto de aquel tipo y deseaba acabar de una vez por todas con esa historia, de forma definitiva. Frederic Cyrus había estado unido a mí, de alguna manera extraña, desde los más remotos años de mi vida. Al principio, la relación fue con mi madre, Docelia Marie, y ya entonces, aunque no lo supe hasta muchos años después, también había entrelazado su destino al mío.

Llamé a la puerta con varios golpes fuertes, con toda mi determinación, las sutilezas estaban de más. Pasaron varios minutos y nadie abrió. Volví a golpear con más rabia. Estrellé mi puño varias veces y después cogí una piedra del jardín y la lancé contra una de las ventanas. El cristal se hizo añicos. En ese momento la puerta se movió, alguien la había abierto desde el interior dejándola entreabierta, invitándome en silencio a pasar a las entrañas de la casa. Sabía que era una trampa en absoluto disimulada. En ese punto de la extraña relación surgida entre Cyrus y yo no había cabida ya para las sorpresas. Nuestras vidas estaban unidas de alguna manera que no entendía y yo quería separarlas definitivamente, sin dejar ninguna posibilidad de vuelta atrás. Quería cortar por lo sano con todo aquello y con los acontecimientos que me habían rodeado los últimos días.

Empujé la puerta. En el interior casi no había luz, solo una claridad grisácea que entraba por las ventanas. Me quedé fuera unos momentos intentando distinguir objetos, muebles o personas. Todo estaba en silencio, como si la casa estuviera deshabitada, pero sabía que no era así.

Frederic Cyrus me estaba esperando.

Me decía sin palabras que entrara en un mundo del que, quizá, nunca saldría. Entonces, para mi sorpresa, uno de los dos negros que utilizaba como guardaespaldas apareció en el umbral y con un gesto amable me invitó a entrar.

–Frederic Cyrus le espera dentro –me dijo con una voz cavernosa–. Dice que no debe temer por su vida. Al menos por el momento. Es su invitado y saldrá por su propio pie después de charlar un rato con él.

El negro se apartó a un lado y me dejó pasar. No me digné a contestarle. Simplemente asentí y entré en la casa.

Una vez dentro sentí un fuerte golpe en la cabeza que no me dejó inconsciente por poco. Todo empezó a darme vueltas como si me encontrara en un frenético tiovivo de feria. Uno de los negros me cogió por la camisa levantándome en vilo. De pronto me propinó un puñetazo en pleno estomago que me dejó sin aire. Fue una sensación desesperante; boqueaba como un pez fuera del agua y no conseguía respirar. Caí de rodillas esperando que me siguieran dando golpes. Noté al negro encima de mí. Entonces, aplicando todas mis fuerzas a las rodillas y piernas, me levanté como un resorte dándole con la cabeza en la boca. Le salté algunos dientes, por no decir que algunos se quedaron clavados en mi cuero cabelludo. El hombre retrocedió y, antes de que pudiera recomponerse, le di una patada en los huevos que debió reventárselos y dejarlos preparados para hacer una tortilla. El hijo de puta se retorcía en el suelo con la boca mellada llena de sangre y agarrándose dolorido lo que le debía quedar de los testículos.

El otro negro, aunque ya había perdido la noción de cual de los dos era, me cogió el brazo derecho y me lo dobló en la espalda, dejándome prácticamente inmovilizado. El dolor fue muy intenso.

–Le aconsejo que se siente –me dijo con toda tranquilidad.

–Vaya, antes lo habíais propuesto a hostias.

–Nuestro hungan le atenderá enseguida. Debe tranquilizarse.

–¿Hungan? –escupí–. Es un jodido boko de la peor ralea.

Momentos después se abrió una puerta en una esquina de la habitación. Nos encontrábamos en la misma sala donde me atendió Cyrus la primera vez. El negro encendió una lámpara que iluminó la estancia. De nuevo lo que más resaltaba de la decoración eran los numerosos y multicolores ramos de flores. La puerta estaba disimulada en un rincón, parecía la típica entrada a un sótano. De allí salió el hijo de puta de Frederic Cyrus. Iba ataviado con una túnica blanca que resaltaba como la sábana de un fantasma sobre la piel oscura, tatuada y brillante, del boko. Se aproximó despacio y sinuoso como una serpiente, seguro de sí mismo. Sus ojos crueles se clavaron en los míos buscando un enfrentamiento silencioso. Le aguanté la mirada apoyado por el odio que sentía hacia el malnacido que había ordenado torturar y matar a uno de mis mejores amigos. Sabía que él no lo había hecho directamente, que no se había manchado las manos con la sangre de Simón Tinville, pero él había manejado los hilos y obligado, como si de una marioneta se tratase, a cometer el asesinato a la mujer que después había muerto por mis manos.

Se sentó frente a mí y cruzó las piernas y manos situándose en una posición meditabunda.

–Lamento la brusquedad de mis allegados –me dijo con manifiesta falsedad–. Muchas veces se exceden en su labor, movidos por un sentido de la responsabilidad y por su predisposición a cumplir con su deber de protegerme.

–Pues yo me cago en tu alma y en la de tus esclavos sin mente –le repliqué.

Nada más acabar la frase, el negro me volvió a golpear en la cabeza. Sentí el cerebro bailar un tango dentro de mi cráneo.

–No dirá que no ha sido culpa suya –dijo Cyrus al tiempo que levantaba una mano indicándole al negro que se detuviese–. Si persistes, déjame que te hable de tú, con esa actitud, al final no podré contener su ímpetu.

–Voy a acabar con todos vosotros –escupí sangre–. Vuestros huesos se pudrirán en la cárcel y os van a dar por esos culos negros, hasta que os quepa una rueda de molino por el ano.

–Amigo Kavanac –me respondió condescendiente–, sabes que eso no va a ocurrir. No creo que cuando salgas de aquí corras a denunciarme a la policía. Sé que eres mucho más inteligente que todo eso. Eres el cachorro de la perra Lachaise y, sinceramente, no creo que sus genes hayan creado a un pobre ignorante.

–No insultes a mi madre –dije con rabia contenida.

–La verdad es que no creo que seas un estúpido, pero lo que sí me sorprendió es que fueras un desgraciado borracho.

–¿Qué quieres de mí? –le pregunté.

–¿Qué quiero de ti? Nada, absolutamente nada –me respondió–. Para mí no eres nadie. Menos que una mosca, pero te has entrometido donde no te llamaban.

–Claro, las chicas desaparecidas, ¿verdad? ¿Qué has hecho con ellas? ¿Dónde las tienes? ¿Están vivas?

–Muchas preguntas que no pienso responder. Si bien podría hacerlo y no cambiaría nada de nada.

–Acabarás respondiendo –le amenacé.

–No debes preocuparte por ellas. Te aseguro, aunque no me creas, que son el menor de tus problemas –me dijo enigmático.

–Debo saber qué ha ocurrido con las niñas. Lo descubriré, aunque sea lo último que haga.

–¿Por qué te importan tanto? No son nadie, apenas algo más que estas flores que adornan la habitación. Son objetos bellos, tanto vivas como muertas, y todo el valor que tienen está en su hermosura –me dijo mientras se levantaba y cogía una rosa de uno de los ramos. Vi cómo alguna espina se clavaba en su mano y esta comenzó a sangrar levemente–. La belleza no es nada si no se aprovecha. No se debe disfrutar de ella solo con un sentido. Además de la vista, está el olfato para oler el agradable perfume que exhalan, el tacto para sentir la piel sedosa de sus pétalos, el gusto para saborear el rocío que las baña por las mañanas, semejante a los labios húmedos y vírgenes de las mujeres jóvenes y, finalmente, el oído para escuchar el melodioso susurro que producen acariciadas por el viento. ¿No las escuchas? ¿No oyes su murmullo como una canción olvidada, tan antigua como el tiempo? Esas canciones ya llenaban el ambiente cuando aquí solo había terrenos pantanosos regados por el río.

–Lo único que llega a mis oídos son las perogrulladas de un majara. Deja de castigarme con semejantes tonterías. Si tienes que matarme, hazlo de una puta vez, pero, por favor, no me tortures más con esas gilipolleces.

–La verdad es que, o eres un verdadero osado o un loco. ¿Qué fue lo que Docelia Marie sembró en ti? No atino a comprenderlo. Vienes a mi casa, no sé si con la intención de matarme, o tan solo de asustarme. ¿Qué pretendes? Dímelo, Áureo Kavanac y te marcharás de aquí sin mayor daño.

–¿Es que no lo sabes? Al final el ignorante va a resultar que eres tú. Creo que ya te lo he dicho antes, no es tan difícil de entender: quiero darte por el puto culo.

–Es difícil conversar contigo. Intento ser amable, pero me lo pones muy difícil.

–No es mi intención tener una charla amigable con un asesino.

De nuevo otro golpe en la cara. El cabrón del negro me había hecho escupir un par de dientes.

–Lo siento, tengo que disculparme otra vez –dijo Cyrus mientras me cogía del pelo y acercaba su odioso rostro lleno de tatuajes. Su aliento me produjo arcadas y estuve a punto de vomitar–. Ya te había advertido que resulta complicado controlar los arrebatos de mis protectores.

–¡Vete a la mierda! –le respondí–. Os podéis ir a la puta mierda tú y tus perros negros sin cerebro. Estáis jodidos y no lo sabéis todavía.

–El que está jodido, como dices, eres tú. No haces bien insultándonos.

–Mátame cuando quieras, no tengo miedo.

–Pues deberías tenerlo –aseguró.

El boko se alejó unos pasos de mí y, acercándose a la mesa, se sirvió una taza de algo caliente. Supuse que debía tratarse de alguna infusión, lo que pasaba es que, con las hostias que me habían dado, solo olía a sangre. Tomó un humeante sorbo y me habló de nuevo con una voz sinuosa y repelente, cargada de pura maldad.

–Mis mambos –me dijo refiriéndose a las dos negras que actuaron como sacerdotisas en la ceremonia en la que todos acabaron follando–, han tenido que salir de compras. Creo que te interesará saber, Áureo Kavanac, que el supermercado a donde se han dirigido está muy cerca de tu despacho. Suelen comprar carne tierna para comérsela poco hecha.

–¿Qué quieres decir, maldito hijo de puta? –le pregunté con un nudo en la garganta.

–No son necesarios tantos insultos. He sido paciente contigo, incluso, aunque no lo creas, también he hecho gala de una piedad impropia en mí. Hasta ahora me he conformado con el castigo de la muerte sin más, pero has cruzado la línea demasiadas veces y en todas has sido convenientemente advertido. Sin embargo, mi paciencia tiene un límite. Ahora vas a conocer lo que es el verdadero sufrimiento.

–¡Déjame salir de aquí, maldito hijo de puta!

–Está bien, te prometí que saldrías vivo y yo cumplo mis promesas. Puedes marcharte. Tal vez, solo tal vez, es posible que llegues a tiempo, aunque, personalmente lo dudo bastante. Vete, cachorro de bruja, pero recuerda que nunca debiste meter tus narices en mi vida. Te lo advertí la primera vez que te vi. Te dije que olvidaras a las chicas, que dejases la investigación. Pero, a pesar de que te lo dije claramente, apareciste en mi ceremonia sagrada. La corrompiste con tu presencia y la de tu amigo, y no contento con eso, después de ver el castigo al que he sometido al señor Tinville, te atreves a venir a mi hogar a amenazarme e insultarme, en mi propia casa, delante de los míos. Docelia Marie no te educó bien. Te debió mostrar un poco de respeto a los mayores, a los que han caminado durante siglos por el mundo, pisando a otros. Comparado con ellos no eres más que una insignificante lombriz.

Hizo un gesto de desprecio con la mano y uno de los negros, presto a obedecer, me sujetó por la camisa y me arrastró hacia la salida. El otro abrió la puerta y entre los dos me lanzaron al exterior, como si fuera un saco de patatas. Mientras la puerta se volvía a cerrar detrás de mí, pude escuchar una risa macabra que resonó en mi mente como un trueno y también como un epitafio. El corazón se me encogió de temor, pero no tenía miedo por mí.

Me levanté del suelo que había besado con la boca ensangrentada y crucé trastabillando el jardín hasta que me encontré en la calle.

Bourbon Strett estaba abarrotada de vehículos parados en medio de un terrible atasco. Los taxis, ocupados, no conseguían avanzar ni siquiera unos metros. Tenía que correr hasta que las fuerzas me lo permitieran y el aliento me abandonase. Lo principal era buscar alguna calle despejada donde coger un taxi.

Mientras corría desesperado, buscando un medio de transporte bajo la torrencial lluvia, cogí el teléfono móvil. Marqué el número del despacho con toda la velocidad que pude. Nicholas tardó un poco en contestar.

–Despacho del detective Kavanac, dígame –dijo mecánicamente.

–Escúchame bien, Nicholas, solo lo diré una vez: márchate ya del despacho. Sal de ahí enseguida.

–Joder, jefe, ¿qué es lo que pasa?

–Tienes que salir todo lo rápido que puedas de la oficina. No preguntes más. ¡Hazlo, por Dios! –le dije apresurado.

–Están llamando a la puerta –me dijo en ese mismo instante.

–¡No abras! –le ordené– Márchate ya. Sal de ahí lo antes posible, no hay tiempo. Huye, Nicholas, como puedas.

–¿Cómo? Estoy en un sexto piso, ¿o lo has olvidado?

–Tienes que hacer algo, lo que sea –entonces recordé–. En el primer cajón de mi escritorio hay una pistola. ¡Cógela, por lo que más quieras!

–Pero si no sé ni cómo va. En mi vida he sostenido una en mi mano. Han vuelto a llamar. ¿Qué ocurre, jefe? ¿En qué embrollo te has metido?

–Ya te lo contaré más tarde. Intenta algo. Bloquea la puerta, pon muebles delante, llama a lo policía, grita, lo que sea. Si es preciso intenta salir por la ventana. Yo voy para allí cagando hostias.

–Me estás asustando. ¿Quién viene?

–No hay tiempo para explicaciones. Es gente de Cyrus. Son muy peligrosos.

En ese momento escuché un fuerte ruido y el teléfono se quedó mudo. Al otro lado solo había silencio. Las palabras se helaron en mi boca. Si alguna vez deseé tener poderes mágicos, estar en dos sitios a la vez o poder desaparecer de un lugar y aparecer en otro, ese fue el momento.

No sé el tiempo exacto que pasó, tal vez fueran quince minutos, quizá menos, lo cierto es que mi mente no conseguía medir el tiempo con coherencia. Conseguí al fin un taxi que a través de una ciudad caótica me llevó hasta mi despacho. El ascensor no funcionaba, así que subí los seis pisos tan rápido como me permitieron mis piernas. Cuando llegué la puerta estaba entreabierta. Me faltaba el aire y apenas podía mantenerme en pie. No sabía con lo que me iba a encontrar. Recordé mi pelea con la mujer que había asesinado a Simón y temí enfrentarme esta vez con dos fieras salvajes en lugar de una.

Empujé la puerta y entré. El recibidor estaba vacío, no se oía nada. Me dirigí al despacho con determinación, desoyendo las advertencias de mi instinto. No podía andar con precaución ya que la vida de Nicholas estaba en peligro. Creo que me estaba engañando a mí mismo dándome una esperanza que, en el interior de mi mente, sabía que ya no existía. Había transcurrido demasiado tiempo desde que había llamado por teléfono la última vez.

Entonces me encontré de frente con mi peor pesadilla.

Allí, tumbado en el suelo y completamente desnudo, yacía inerte Nicholas. Su cuerpo formaba una equis con los brazos y las piernas extendidas. Estaba enmarcado por un círculo rojo y unas líneas que, me pareció, formaban una estrella de cinco puntas. Me acerqué despacio, moviéndome como en un sueño, envuelto en un ambiente de total irrealidad. Horrorizado me agaché hacia él. No sabía si estaba muerto. Entonces me di cuenta que tenía algo tapándole la boca. Creo que en ese momento me volví loco, mi vida se desmoronó de golpe. Me odié a mí mismo, odié a Docelia Marie, a Frederic Cyrus, a la maldita ciudad en la que había nacido y en la que vivía. Al pobre de Nicholas le habían cortado los testículos y el pene, y se los habían introducido en la boca. Entre sus piernas abiertas solo había un hueco oscuro por el que manaba la sangre dejando una extensa mancha sobre el suelo de la habitación. Los ojos desorbitados de Nicholas me dijeron que todavía estaba con vida. Me apresuré a quitarle de la boca lo que tan cruelmente le habían arrancado y lo dejé a un lado. Tosió un poco e intentó hablarme.

–Áureo, por favor –me dijo en un susurro entrecortado–, por favor, ayúdame.

–No te preocupes, te salvaré –intenté consolarle–. Estoy contigo, no te voy a dejar. Voy a ayudarte, vamos a salir de ésta.

–Ya es tarde, jefe –su voz se perdía cada vez más. Apenas lograba entenderle–. Eran dos mujeres negras, muy fuertes, salvajes. Me golpearon, me torturaron, me han... por favor, me han...

–Tranquilo, Nicholas, voy a llamar a una ambulancia. Vendrán enseguida.

–No, no lo hagas, ya es demasiado tarde. Me dijeron algo de la muerte en vida, algo terrible.

Comprendí lo que estaba pasando, lo que habían hecho esas malditas criaturas siguiendo las ordenes de Cyrus. En su momento a mi madre la condenaron a una vida tras la muerte, un infierno de sufrimiento para el espíritu, una condena eterna que solo podían ejecutar los hechiceros más poderosos. Era peor que la muerte y una de las formas habituales con las que se castigaba a los enemigos dentro de la religión vudú. Logré salvarla de ese martirio sin fin en el último momento.

La vida tras la muerte, donde el alma sufría un castigo eterno.

Pero había otra forma de castigo no menos cruel y era la muerte en vida. El cuerpo seguía moviéndose, pero no anidaba ya ningún alma. Era lo que se conoce como un zombi, un muerto viviente. Nicholas sabía que se iba a convertir en uno. Pero había una manera de lograr que su alma descansara en paz. De nuevo, tal como ocurriera treinta y tantos años atrás, me encontraba en una despiadada encrucijada y, otra vez, tenía poco tiempo para decidirme.

–Ayúdame –volvió a suplicar. Tosió sangre.

En esos momentos el zombi fui yo. Sin pensar en lo que hacía, siguiendo mecánicamente unas indicaciones que me había enseñado mi madre, agarré las tijeras. Me arrodillé sobre Nicholas y, con la visión nublada por las lágrimas, las clavé en su pecho. Después lo corté, desgarrando músculos y separando las costillas. Con mi mano le cogí el corazón, que todavía latía, y lo apreté con fuerza. Noté cómo la vida le abandonaba, al tiempo que sus labios esbozaron una leve sonrisa que iluminó su rostro.

–Lo siento, lo siento Nicholas –le pedía perdón una y otra vez, mientras el alma me ardía de dolor. Pero Nicholas ya no me escuchaba, había cerrado los ojos y descansaba en paz. La paz que a mí se me negaba una y otra vez.

Lloré como un niño desconsolado. Todo había transcurrido demasiado rápido, sin tiempo para pensar, para poder cambiar los acontecimientos. Manejado como un muñeco por los hilos del destino. Como ocurrió décadas antes, cuando mi madre murió entre mis manos, ahora sujetaba el cuerpo sin vida de la otra persona que más me había importado en mi vida. Empecé a dar vueltas por la habitación, totalmente enloquecido y desesperado, golpeándome con fuerza en el pecho y en el rostro como ya lo hice una vez.

Necesitaba calmar el dolor con otro dolor. Frederic Cyrus tenía razón cuando dijo que el verdadero infierno me estaba esperando. El maldito hijo de puta tenía toda la razón.

No podía estar en aquella habitación, las paredes parecían adquirir vida y caerse encima de mí. Necesitaba aire, huir, escapar de aquel lugar. Ya no podía hacer nada más por Nicholas. Había detenido los latidos de su corazón con mi mano y, con ese acto, había evitado que se convirtiera en un zombi maldito. Tapé su cuerpo con una manta y me fui del despacho. Bajé los seis pisos que me separaban de la calle como un espectro o como un maldito zombi, casi sin saber qué hacía. Ya fuera, me dejé bañar por la lluvia que se mezclaba con mis lágrimas. Entonces empecé a correr, sin rumbo, sin saber hacia dónde, sin ningún destino concreto. El cielo estaba enloquecido en ese verano del año dos mil cinco. Era el agosto más lluvioso que alcanzaba a recordar. El mundo entero se había vuelto loco, se había convertido en un inmenso manicomio en el que yo era el paciente más trastornado de todos.

Estuve deambulando durante un tiempo indefinido, cuando me encontré en un callejón oscuro pero familiar, frente una puerta conocida que me cerraba el paso al que había sido mi hogar durante unos años tranquilos y relativamente felices. Unos años en los que crecí y me hice mayor. Estaba frente a la casa de una mujer que me acogió como a su propio hijo cuando yo más lo necesitaba. Tal vez fue una broma del destino lo que me hizo volver sobre mis pasos, repitiendo el mismo camino que anduve años atrás. El círculo se volvía a cerrar de nuevo en aquella casa, donde una vez hallé consuelo a mi desgracia. Ahora volvía a necesitarlo, y de nuevo, sin saber cómo, me encontré delante de la puerta. Estaba cerrada pero dentro de la casa había luz. No tuve fuerzas para llamar, así que me derrumbé sobre los escalones mojados de la entrada, como lo hice aquella vez cuando solo era un niño.

De nuevo la puerta se abrió y una luz cálida surgió del interior. La sombra de Mama Bessi Odette volvió a cubrirme con un abrazo invisible. De nuevo su voz cálida llegó a mis oídos y a mi corazón destrozado.

XIII

LA ZONA MUERTA

Polvo al polvo, nuestros huesos se corromperán,/y empezaremos de nuevo./Polvo al polvo, nuestros huesos se corromperán,/y empezaremos de nuevo./Oye, ¿a dónde vas?/ No confíes en todo lo que oyes./Ahora, tómalo y contempla./No busco el bien o el mal./Busco la verdad encontrada en la muerte,/que va de la mano con el remordimiento./¿Es algo que vale la pena perder?/Vale la pena perseguirlo./Polvo al polvo, nuestros huesos se corromperán,/y empezaremos de nuevo.

Polvo al polvo, The Warning

Mama Bessi Odette volvió a acogerme como ya lo hizo una vez muchos años atrás. Demasiados como para que la mente no jugara con mis recuerdos, deformándolos, modificándolos, convirtiendo en reales algunos que nunca sucedieron y llevando al reino del olvido otros que sí marcaron mi vida.

Cuando entré en su casa, la que también fue mía, todo se oscureció a mi alrededor. Me desmayé a los pies de Bessi Odette. Tal vez por la suma de la presión, el cansancio y la desesperanza que superaron con creces mis fuerzas, caí abatido.

No sé exactamente cuánto tiempo pasó. Quizá unas horas o unos minutos. Recuerdo que sentí algo caliente deslizándose en mi boca, acariciando mi garganta y calentando después el estómago. Entonces escuché su voz, al principio lejana, como si me hablara desde el fondo de un pozo, y después cada vez más fuerte y clara.

–Tienes que beber –me dijo–, te ayudará a recuperarte antes de lo que puedas imaginar. Esta vieja conoce más remedios que medicamentos hay en una farmacia y, sin duda alguna, la mayoría son más eficaces que esos brebajes ponzoñosos que se inventan los farmacéuticos sin tener ni idea de lo que hacen.

–Está muy amargo y sabe a demonios –le contesté.

–Eres un mentiroso –la mujer sonrió–. En el fondo sigues siendo el mismo niño travieso, triste y huraño que conocí. Tampoco te ha abandonado ese toque irónico y bromista. Eso es bueno, uno no debe olvidar lo que fue, ni cambiar tanto que ya no se reconozca a sí mismo.

–El paso del tiempo no podrá cambiar mi cariño hacia ti, que fuiste como mi propia madre. Ni tampoco podré agradecerte todo lo que has hecho por mí, ni en una, ni en diez vidas.

–De cualquier forma, te he fallado –me dijo resignada–. No he podido ayudarte, ni protegerte cuando más lo necesitabas. Te has visto, de nuevo, enfrentado contra fuerzas que sobrepasan el entendimiento y la lógica. Mi pequeño Áureo, mi hijo. Esta pobre mujer no tiene derecho a mirarte a la cara. He visto un inmenso dolor grabado en tu rostro. El sufrimiento rezuma por cada poro de tu piel. No quiero imaginar el daño que te han hecho. Cuánto te habrán hecho sufrir. Supe cuando viniste a mí la primera vez que el maldito de Frederic Cyrus buscaría acabar con lo que, de alguna manera, había empezado. Fui una estúpida, llegué a tener la esperanza de que el boko te olvidaría y te dejaría en paz.

–Fui yo el que, sin quererlo, me entrometí en su vida. Tú tenías razón e hiciste lo correcto. Pero el destino me volvió a cruzar con él. Son fuerzas que los humanos no podemos controlar.

–Mientras has estado inconsciente he escuchado tus pesadillas. No he podido evitarlo, para eso soy tu segunda madre. Tu dolor es mi dolor.

–No es culpa tuya –le respondí–. Yo elegí mi propio camino.

–Pero no debí permitírtelo. Sabía contra lo que te podrías enfrentar y también que, si ocurría, caerías en un pozo del que te resultaría muy difícil salir. Recé por que todo hubiese acabado aquella noche en la que murió Docelia Marie. Durante muchos años me pareció que el mal te había olvidado. Confiaba ciegamente en ello, pero fui una estúpida ignorante.

–Tenía que ocurrir así. Nadie habría logrado evitarlo. De alguna forma que no puedo entender, mi vida se cruza demasiadas veces con la de ese ser depravado y monstruoso.

–Ven, vamos al salón –me dijo–. Hablaremos más tranquilamente.

Mama Bessi me ayudó a incorporarme. Al principio estaba un poco mareado, pero enseguida me encontré con renovadas fuerzas. Fuese lo que fuese el brebaje que me había dado, funcionó a la perfección. Era como si hubiese rejuvenecido al menos diez años.

La mujer cogió una silla y con un gesto me indicó que hiciera lo mismo.

Nos sentamos uno frente al otro. Por primera vez en mucho tiempo me sentía en paz. Me embargaba una extraña serenidad mientras ambos guardábamos un sepulcral silencio. Miraba sus ojos claros que parecían escrutarme, como si buscara aquel niño que estuvo a su cuidado durante unos años o, tal vez, intentando descubrir cuánto había cambiado. Mama Bessi emanaba una tranquilidad monástica. Comprendí, más que nunca antes lo había hecho, que me hallaba ante un alma grande y piadosa.

Le conté cada uno de los acontecimientos terribles que me habían destrozado el corazón los últimos días. Narré la primera vez que vino a visitarme Moira Dago, pidiendo ayuda para encontrar a su hija desaparecida. Después le hablé de la casa de Cyrus y cómo creí ver a un anciano cuando me presenté ante el boko. También nombré la ceremonia que pudimos contemplar estupefactos Simón y yo. Las palabras se me quebraban mientras le contaba la muerte de Simón y cómo maté a la asesina con mis manos, si es que estaba viva cuando lo hice. Finalmente, con lágrimas en los ojos, le hablé del final de Nicholas y de la terrible experiencia de sacarle el corazón de su pecho. Mi alma estaba hundida en un pantano cenagoso.

–Hiciste bien –me confirmó–. Con esa acción, por muy dolorosa que fuera para ti, le salvaste de un castigo sin límite. Cyrus es un ser hecho de puro odio.

–Lo sé. También creo que fue parte de la tortura que Cyrus tiene reservada para mí.

–¿Dime qué puedo hacer? –me preguntó, aunque ya conocía la respuesta–. Soy una mujer vieja y cada vez más débil. Entiendo tu ansia de venganza y sé que nada te hará cambiar de opinión. Incluso, si no fuera por el peligro, aplaudiría que lo intentaras.

–Ahora soy yo quien no quiere esconderse. Quiero que me ayudes, Mama Bessi. Quiero acabar con Frederic Cyrus, que su alma se pudra en el infierno. Quiero que me digas cómo hacerlo, cómo matarlo y destrozarlo. Lo voy a intentar, aunque me cueste la vida. No puedo, por más tiempo, permanecer en el mismo mundo que él, respirar el mismo aire, contemplar el mismo sol. Uno de los dos debe morir y, en su caso, si es él quien muere, quiero que su castigo, su tortura, perdure más allá de la muerte.

–Voy a ayudarte y guiarte en la medida que lo permitan mis humildes posibilidades. Para poder cumplir tus deseos, primero tienes que conocer a lo que te enfrentas. Es un enemigo formidable, pero quizá, solo quizá, pueda tener algún punto débil, un talón de Aquiles.

–Te escucho atentamente.

–Existe un lugar sin tiempo ni límites –me contó, mientras yo guardaba un sepulcral silencio–. Es un lugar que no es de este mundo y a la vez sí lo es. Se extiende más allá de la frontera que marca la muerte. Allí van algunas almas, cuando ya se han librado de las cadenas de la tierra, de las ataduras de la materia y de las ilusiones; esperan hallar su paz espiritual, la meta final del espíritu que busca su origen olvidado para cerrar el círculo. Sin embargo, es una trampa, pues allí no existe la esperanza, no hay pasado ni futuro alguno, solo un presente eterno. Los muertos vagan en procesión y recorren senderos abruptos que los llevan a un horizonte de sombras. Las almas aúllan como lobos en la noche, buscando una salida, una nueva vida que, poco a poco, se esconde de ellas y finalmente los espectros acaban olvidando. El nombre de ese lugar sólo se pronuncia con temor y entre leves susurros. Los que osan hacerlo lo llaman la Zona Muerta.

–Nunca había oído hablar de la Zona Muerta –le interrumpí–. ¿Es una especie de limbo?

–No exactamente. Es algo muy difícil de definir con palabras y conceptos que podamos entender los humanos –me respondió consternada–. El verdadero problema es que ese lugar oscuro y, podemos decir, maldito, no es solo de entrada.

–Explícate, por favor –le dije.

–También lo es de salida.

–Eso es muy preocupante, me atrevo a decir, ¿verdad Mama Bessi?

–Más que preocupante –añadió–, es terrible. Por suerte para la Humanidad, ocurre en raras ocasiones y son todavía más escasas aquellas en la que los hombres de las sombras, los centinelas y protectores que custodian las puertas de ese mundo, permiten la salida de los que moran tras ellas. Sin embargo, hay veces, muy pocas ya te digo, en las que, arrastrándose como lombrices entre el barro y abriéndose paso entre parajes de podredumbre y putrefacción, algún ente maligno, cargado de odio e insana lujuria, logra escapar de la Zona Muerta; son los bakas, Loas malvados. En esos casos, los hombres de las sombras ponen sobre aviso a sus agentes en la Tierra, ya que ellos no pueden abandonar la Zona Muerta. Si lo hicieran y dejaran sin protección, aunque fuera por unos instantes, el umbral que separa los dos mundos, la Humanidad se vería invadida por criaturas terroríficas y la existencia misma de la Vida sobre el planeta estaría en peligro. Pero a pesar de no poder cruzar las puertas, sí pueden guiar a los Bunsi-bosal y a los Hunsi-kanzo y prepararlos para combatir a los adversarios, los heraldos de la Zona Muerta. Tu madre era uno de ellos. Era la heredera de un antiguo linaje. Ella caminaba por el mundo para proteger las almas de los vivos. Era la portadora de la máscara de Zili Freda Dahomey, como bien sabes; la Mujer por excelencia, la sensualidad y el amor espiritual y carnal. Luchó toda su vida contra la maldad, enfrentándose con ella sin descanso, hasta que se encontró con Cyrus. Es un boko protegido por un Loa muy peligroso y maligno.

–Si mi madre perteneció a ese linaje del que hablas, ¿qué papel represento yo en esta obra?

–No es fácil explicarlo –me dijo–. Uno no recibe en herencia el don que le permite continuar con la sagrada misión encomendada por los hombres de las sombras. Sin embargo, en ti hay una gran fuerza. Siempre la has tenido, pero, como bien has dicho, elegiste otro camino. Tu elección, que debe ser respetada, fue el sendero de la materia, vivir el mundo, sus placeres, sus pequeñeces y también sus bondades, su grandeza, que también las tiene. No hay nada malo en tus actos, solo aquello que puede afectar a tu cuerpo o a tu alma. Me refiero a tu adicción a la bebida y la dejadez que envuelve tu existencia. Pero no te estoy recriminando.

–¿Por qué Cyrus no me mató cuando pudo, cuando era un niño, la misma noche que envenenó con su ponzoña a mi madre? ¿Por qué no acabó con mi existencia y me envió al otro barrio? Si lo hubiera hecho me habría evitado mucho sufrimiento.

–Tal vez no pudo. Recuerda que esa noche no lo volviste a ver. No sabes con certeza cuándo se marchó, ni en qué estado lo hizo. Yo tampoco lo sé, pero lo que sí sé es que tu madre era la Reina Bruja y eso no es cualquier cosa. Ella tenía el suficiente poder como para enfrentarse a Cyrus y protegerte. Si el boko no te mató aquel día fue, muy probablemente, porque no pudo hacerlo.

–Yo no sabía nada. ¿Por qué no me lo contaste? Todo hubiera sido de otra manera.

–Estoy segura, pero no funciona así. No podemos cambiar las cosas a nuestra voluntad como si fuera un mero juego. Hay leyes y hay reglas que tenemos que cumplir, por mucho que nos pese hacerlo.

–Entonces, ¿es demasiado tarde? –le pregunté.

–Nunca es demasiado tarde –me respondió–. El tiempo es algo muy relativo. Pronto o tarde no es algo concreto y rígido en esta vida, ni siquiera después de la muerte. Tienes que hacer lo que te marque el corazón, luego el destino dirá si ha sido lícito o no, si ha llegado a tiempo o no.

Mama Bessi se quedó repentinamente en silencio. Sus manos se aferraron a los brazos de madera de la silla, como si se hubiese visto afectada por un ataque al corazón. Algo pasaba que la había asustado y provocó que su cuerpo se viera sacudido como azotado por descargas eléctricas.

–¿Qué te ocurre, madre? –le pregunté preocupado. Pero no me respondió.

Escuché un leve silbido producido por el viento al filtrarse por alguna ventana. Mama Bessi tenía muchos artículos esotéricos decorando la casa, entre ellos varios colgantes de esos que llaman atrapasueños; creo que son propios de las tradiciones de los pieles rojas. Estos objetos comenzaron a agitarse movidos por manos invisibles. Pensé que podría ser una ráfaga de aire, pero no era así, se movían por sí solos, por lo menos nada físico estaba actuando sobre ellos.

Me acerqué a la mujer y la cogí por los hombros, balanceándola levemente, pero no me respondió. Sus ojos se quedaron en blanco y su boca entreabierta. La mujer intentaba respirar, pero no lo lograba. Me encontraba impotente, sin saber qué estaba ocurriendo y qué podía hacer. Cogí el teléfono para llamar a una ambulancia. Aunque no confiaba en que fuera la mejor solución, no se me ocurría nada mejor que hacer. Entonces, antes de que comenzara a marcar el número de urgencias, la mujer volvió en sí. Primero inhaló una buena bocanada de aire, después sus ojos se movieron de un lado a otro como buscando algo. Su mano aferró la mía con tanta fuerza que incluso me hizo daño.

–Cimitiere está aquí –me dijo sin mirarme, con una expresión de verdadero terror dibujada en su rostro–. Nos ha encontrado y viene a por nosotros. No tenemos tiempo.

–Dime, madre ¿qué debo hacer? –le pregunté asustado.

–Espera, solo espera –me dijo.

En ese momento, después de recibir una especie de sacudida, como si hubiera tocado un cable de alta tensión, volvió a quedar en trance. Sus ojos se pusieron en blanco y su boca se contrajo en un rictus de dolor. Yo permanecía impotente ante lo que estaba ocurriendo.

Lo que vi en aquellos momentos rompió en pedazos toda la incredulidad que sentía sobre los fenómenos paranormales, aunque pienso que siempre tuve ese rechazo por el bloqueo que Cyrus había obrado en mí.

Mama Bessi Odette se elevó sobre la silla, levitando como si la gravedad no le afectase, como si fuera un espíritu libre de sus ataduras mortales y materiales. Parecía suspendida por hilos invisibles. De repente empezó a girar sobre sí misma, con su cuerpo formando una cruz. Estuve a punto de intentar cogerla, pero me contuve, recordé que me dijo que esperara. Tenía que obedecer a pesar de mis instintos. No debía intervenir, aunque su vida estuviese en peligro mortal. Las luces de la casa parpadearon y algunos objetos cayeron al suelo, empujados por fuerzas invisibles. Yo me encontraba de pie sin poder hacer nada salvo esperar y rezar.

De nuevo se convulsionó. La boca se abrió buscando aire y un hilo de sangre oscura comenzó a manar de sus fosas nasales y de la comisura de los labios. Estaba claro que en esos momentos libraba una dura batalla en un plano de la existencia desconocido para los humanos ordinarios. En alguna ocasión había escuchado que ciertas personas podían moverse a voluntad por el plano psíquico o por el astral. En ellos la muerte era tan real como en el mundo físico y, posiblemente, más cruel y dolorosa.

De repente Mama Bessi cayó como una piedra sobre la silla, que estuvo a punto de irse, a su vez, al suelo. Entonces me habló, aunque su voz apenas era un susurro.

–Se ha ido, pero va a volver. Lo hará enseguida. No tenemos tiempo, escúchame con atención.

–¿Qué ha pasado, dime? –le pregunté–. ¿No le has vencido?

–No hay tiempo para preguntas y menos para respuestas. Aunque puede parecerte que estoy luchando durante escasos minutos, han sido horas en el mundo psíquico. Por el momento únicamente lo he frenado. Va a regresar y con más fuerza. Estoy acabada, muerta, pero ahora hay una posibilidad. La he visto con total claridad. Cyrus cometió un error y lo hizo hace mucho tiempo.

–¡No puede ser, madre, tú no puedes morir! –exclamé.

–No te preocupes, la muerte no existe, ya deberías saberlo, solo es un paso hacia otro lugar. ¿Acaso has olvidado lo que te enseñé? Deja de lloriquear y escúchame con atención. Hace muchos años, Cyrus obró en ti un sortilegio para que no lo detectaras, para que su macabra existencia pasase totalmente desapercibida. Podrían haber pasado otros treinta años y jamás hubieras detectado su presencia, incluso cada día habrías olvidado un poco más tu pasado, por lo menos el referente a él y al mundo de la magia negra. Aquel trágico día en el que murió tu madre, colocó una pluma en tu lecho para que tu memoria se viera afectada. Aquella pluma no tenía la misión de ahogarte, sino de hacerte olvidar y, además, que no fueras consciente de su presencia. La magia era tan poderosa que hizo que creyeras que había un descampado donde en realidad se encontraba su casa, incluso, la primera vez que lo viste después de tantos años, el sortilegio jugó de nuevo con tus percepciones y creíste ver a un viejo débil y decrépito. Cómo debió disfrutar el muy canalla, viendo el alcance de su poder. Pero claro, la magia perdió su influencia cuando la presencia de otras personas, como Nicholas o Simón, estuvieron a tu lado. Sin embargo, no tuvo en cuenta que hay leyes inquebrantables en el Universo y una es la ley formulada hace incontables milenios por grandes sabios que quizá no eran ni siquiera de este mundo.

–Te escucho.

–Como es arriba, así es abajo. Los opuestos son partes de la misma realidad. Ahora podemos invertir el hechizo. El maldito Cyrus se equivocó, cometió un grave error que puede causarle la destrucción. Ahora será él quien no te vea a ti.

–¿Qué vamos a hacer?

–Hijo mío, ha llegado la hora de despedirnos, pero no con un adiós, sino con un hasta pronto. Ya nos veremos y podremos contarnos nuestras confidencias dentro de un tiempo que, ya sabes, es muy relativo. Ahora tráeme aquellas plumas que decoran la pared.

Obedecí sin rechistar, ya estaba acostumbrado a hacerlo. Solo esperaba no tener que hacer algo como lo que había hecho con mi madre o con Nicholas; ya no lo hubiera soportado mi cordura. Sobre una pared había un semicírculo de plumas negras y largas formando una especie de gran abanico. Lo cogí como me había ordenado y se lo acerqué.

–Ahora tienes que ir a la cocina y traerme también un frasco con un líquido color turquesa que verás en la alacena. Después coge un amuleto de fluorita de mi mesita de noche. Por cierto, quiero verte correr como si te persiguiera el diablo.

Hice lo que me mandó moviéndome como una exhalación. Conocía la casa perfectamente, así que no tardé mucho.

–Vaya, los he visto más rápidos –me dijo, supuse que con ironía–. Te estás haciendo viejo y fondón. Recuerda, cuando salgas de esta, ponerte a régimen y hacer algo de ejercicio.

–Lo haré, madre –le respondí.

–Eres un mentiroso. ¿Nunca te lo había dicho?

Sin decir más palabras cogió una de las plumas y la embadurnó con el líquido del frasco. Después la pasó mojada por mi frente y cuello. Seguidamente se metió la pluma en su boca y, con dificultad se la comió. Sujetó el colgante con la piedra de fluorita y lo pasó por el resto de las plumas. De nuevo cogió el frasco y lo volcó sobre el amuleto. Por último, me lo pasó por la cabeza y lo dejó en mi cuello.

–Que siempre toque tu piel, recuérdalo.

–Así lo haré, descuida.

Sin previo aviso acercó su rostro al mío y, cogiéndome la cabeza con ambas manos, juntó sus labios con los míos. Exhaló en mi garganta el aire de sus pulmones, que sentí dulce y cálido. Entonces se apartó de mí casi con brusquedad. Se dejó caer sobre la silla.

–Está aquí de nuevo. Pero creo que en esta ocasión llega tarde para él –Mama Bessi sonrió.

De nuevo su cuerpo empezó a levitar y se vio envuelto en terribles sacudidas, mientras sus manos se tensaban formando garras que eran el reflejo de su sufrimiento. Su mirada se perdió en el vacío y, de pronto, el cuerpo de la mujer perdió la tensión quedando inerte, blando, sin vida. Cayó de golpe contra el suelo. Estaba muerta, pero en su boca se perfilaba una sonrisa de satisfacción. Iba a acercarme a ella, pero algo me contuvo. Me quedé de pie, parado y rígido como una estatua. Entonces noté una especie de viento que giraba a mi alrededor. Me pareció una serpiente acariciando mi piel con extrema suavidad, como si fuera un tapiz de seda, pero a la vez sucio, ponzoñoso y atroz. No moví un puto músculo, ni siquiera respiraba. De repente la terrible sensación desapareció. Fuese lo que fuese, no me había detectado y se había marchado. Estaba, al fin, solo. Solo con Mama Bessi Odette.

Me aproximé a su cuerpo tendido en el suelo y arropé su cabeza entre mis brazos. Quise llorar, mi corazón se estremecía apretado por un puño invisible, pero, al ver de nuevo su sonrisa, no pude hacerlo. No iba a llorar. Estoy seguro que me habría insultado desde el otro mundo si me hubiera visto hacerlo y me habría dicho lo que yo también sabía, que la hora de las lágrimas ya había pasado de una puta vez.

Con su último suspiro, Mama Bessi Odette me había dado un gran regalo. Parte de su energía estaba en mi interior. Era un presente que no iba a desaprovechar.

XIV

EL CORO DE LOS LAMENTOS

Tus ojos no los perdonarán.

Antiguo Testamento, Josué VII, 16

El cielo es rojo, no lo entiendo./Pasada la medianoche todavía veo la tierra./La gente dice que la mujer está condenada./Ella te hace arder con un movimiento de su mano./La ciudad es un incendio, la ciudad está en llamas./Las llamas de la mujer están aumentando./Éramos estúpidos, la llamábamos mentirosa/Todo lo que oigo es: ¡Quemad!

Burn, Deep Purple

En algún momento me quedé dormido de nuevo sin darme cuenta de ello. Estuve al lado del cadáver de Mama Bessi durante unas horas, velando su muerte con mi presencia, como el cachorro que, desamparado, no quiere abandonar el cuerpo de su madre muerta.

Las fuerzas que se movían a mi alrededor superaban mi capacidad de raciocinio y mi credulidad. No alcanzaba a entender lo que estaba pasando. En un mundo donde la realidad no es otra que el amor al dinero, los intereses materiales, la búsqueda de la satisfacción de las pasiones y deseos, me encontraba rodeado de magia negra, de seres escapados de lugares que solo podían ser concebidos en la mente de un loco, de vudú, de muerte más allá de la muerte. Pero lo cierto es que yo, aunque no lo quisiera, siempre había habitado en ese mundo extraño, irreal, mágico, terrible y peligroso, donde las leyes que regían eran otras y las consecuencias de los actos, imprevisibles.

En todo momento supe que se trataba de un sueño. Lo tuve claro desde el momento en que Nicholas apareció en él. Recorría unas calles soleadas, rodeadas de setos repletos de flores. Sin embargo, las nubes grises de una repentina tormenta oscurecieron el cielo y las flores comenzaron a marchitarse como si su periodo de vida hubiera sido grabado en una cámara que luego reproduce el paso del tiempo a toda velocidad. Nicholas, en el sueño, extendía su mano hacia mí, como pidiendo una ayuda que no había logrado darle en vida. Su cuerpo empezaba a pudrirse, igual que lo hacían las flores. Su piel se agrietaba como papel reseco, sus uñas se caían como hojas en otoño, los ojos se desprendieron de sus órbitas y en poco tiempo el cuerpo de mi amigo se convirtió en cenizas. Un repentino viento las levantó en el aire, creando un pequeño huracán que giró sobre sí mismo convirtiéndose en un cono oscuro. Para mi sorpresa una imagen se fue creando y, lentamente, adquirió la figura de una mujer. Una luz surgió de su interior iluminando el ambiente que había quedado opaco y triste. Tardé un poco en reconocerla, pero era la silueta inconfundible de Mama Bessi Odette. Era su alma que venía a mí en sueños. Horas antes su cuerpo había muerto, pero su misión no terminó en la Tierra.

Vi su amable sonrisa de matrona, su mirada de bruja se posaba en mí mostrando un inmenso afecto. Entonces escuché con claridad unas palabras.

–No estás solo, Áureo Kavanac. Aunque no lo creas, es ahora cuando más fuerte eres y cuando más protegido estás. En ti ahora hay una parte de mí. Pero has de saber algo más que te llenará de esperanza y te dará renovadas energías en tu difícil cometido.

–Dime qué debo saber, Mama Bessi –le dije.

La imagen se fue haciendo cada vez más borrosa. Se estaba marchando como un suspiro.

–Por favor –supliqué–, necesito saberlo.

–Ella viene –me respondió mientras volvía a convertirse en ceniza y el viento la esparcía por el aire, volviendo a oscurecer el día.

Desperté de improvisto, como si un resorte hubiera impulsado mi cuerpo de la cama y mi conciencia del sueño. Estaba completamente sudado y un poco aturdido, pero recordaba a la perfección lo que había soñado. Era una señal, un claro mensaje.

Había llegado el momento.

Mama Bessi, su cuerpo, estaba sobre el suelo de la habitación. La placidez de su rostro me hizo creer que estaba dormida, como yo momentos antes. Quizá compartimos el mismo sueño. Sin embargo, su piel macilenta y fría me recordó que no era así. Se había enfrentado a Frederic Cyrus en un plano de la existencia diferente al de la densa materia. Con su lucha logró frenar al boko y, sobre todo, consiguió engañarlo.

Ya no podía hacer nada más allí. Los acontecimientos se precipitaban cada vez con mayor velocidad. No había tiempo para lamentaciones sino para actuar y, además, para hacerlo rápido. Le di un beso en la frente a la mujer que fue mi madre durante muchos años, aquellos que marcan el paso de la adolescencia, quizá los más duros.

Cerré de nuevo la puerta del que fue mi hogar en la niñez. En esta ocasión no dejaba a nadie detrás, solo los recuerdos. Salí de allí como lo hice una vez hacía más de treinta años, pero, al contrario que en aquella ocasión, me iba con un objetivo claro que se había convertido en una obsesión.

Me dirigí al despacho, irónicamente, como si fuera un zombi. Anduve con la mente vacía de pensamientos, recorriendo de forma inconsciente el camino que ya conocía. La lluvia me caló hasta los huesos, pero apenas me di cuenta, creo que de alguna manera tenía un miedo atroz de regresar al lugar donde se abrió la puerta de mi locura, donde Nicholas había sido torturado y vejado, donde tuve que matarlo para librarle de un destino peor, desprovisto de misericordia. El rostro oscuro de Cyrus se perfiló en mi mente y mi corazón ardió como una tea encendida por un odio inhumano.

Llegué a la puerta del edificio, la abrí y subí las escaleras. Seguía retrasando el momento de entrar en el despacho.

Como esperaba, la policía había precintado la puerta. De forma anónima les había llamado para dar el aviso. No quise dejar al pobre Nicholas tirado en el suelo por mucho tiempo. Los agentes habrían registrado a conciencia el despacho de arriba abajo. No les debió de extrañar encontrar mis huellas por todas partes, lo que era obvio, pero como sé que son muy eficientes y profesionales, también confiaba en que hubieran encontrado pruebas de la presencia de las dos zorras de Cyrus, y esperaba que hubieran deducido su implicación en el asesinato. Llegado el momento sabía que tendría que enfrentarme a una cantidad ingente de impertinentes preguntas. En el fondo tampoco me importaba demasiado. En esos momentos pocas cosas de este mundo me importaban ya.

Rompí las cintas de plástico y entré sin más. Habían bajado las persianas, por lo que el lugar estaba completamente a oscuras. Encendí la luz y fue para mí como revivir la pesadilla. Pude notar en el aire los restos de la tragedia ocurrida entre las cuatro paredes. Era como si todo lo que allí había, muebles, libros, sillas, todo absolutamente, estuviera impregnado de un halo de pesadumbre. Mis percepciones habían aumentado desde que estuve con Mama Bessi, parecía que el terrible asesinato hubiera quedado grabado en el espacio de la habitación, y yo lo notara en cada poro de mi piel.

Sobre el suelo una línea blanca de tiza delimitaba la silueta que ocupó el ahora ausente cuerpo de Nicholas. En el medio estaba la macabra estrella sobre la que había muerto. La sangre seca adquiría la forma de una gran rosa roja.

No podía quitarme a Nicholas de la cabeza, le echaba mucho de menos, sus tonterías, sus mariconadas. ¡Joder!, nunca sabes lo que tienes hasta que lo pierdes. Me arrepentí mucho de haberle insultado e incluso de golpearle en una ocasión. Probablemente se lo merecía, pero el pobre no hizo más que seguir su instinto.

Caí de rodillas sobre el lugar donde finalizó su existencia en este puto planeta, donde, para salvarle de una muerte en vida, tuve que arrancarle el corazón. De nuevo lloré como un niño, lo hice desconsolado, incluso grité de rabia. No sé cuanto tiempo permanecí de rodillas, abatido, entre lágrimas y un dolor insoportable.

Al final me levanté y me puse a registrar los cajones de mi mesa de despacho. Como imaginé, la policía, entre otras cosas, se había llevado la pistola. No esperaba encontrarla, había ido al despacho por una razón puramente anímica, pero además tenía que conseguir un arma y una botella de whisky. No podía engañarme a mí mismo, sabía que no hallaría el arma, pues sería lo primero que habría cogido la policía. Había regresado allí para que el odio me inundara y hacer acopio del valor y la determinación suficientes para lo que pensaba hacer. También pretendía rendir un último homenaje a Nicholas. Rezar por él en el lugar de su muerte. Era como la preparación de un guerrero antes de la batalla de su vida. Fue mi particular noche velando las armas.

Conocía a un armero que regentaba un establecimiento llamado *Precision Firearms and Indoor Range*. Marshall Morgan era un buen tío y podía decirse que con buen olfato para los negocios. En cualquier lugar del estado tener una armería era dinero seguro, pero más aún en Nueva Orleans, donde la gente se había acostumbrado a tener pistolas en sus casas casi antes que a comprarse el microondas. Fui a hacerle una visita, pero de camino, entré en un supermercado y compré una botella de whisky, que metí envuelta en una bolsa de papel.

Antes de acercarme al establecimiento de Morgan me fui, sin saber con exactitud el porqué, hacia el barrio de Treme. Estaba lloviendo copiosamente, tal vez fuese una pérdida de tiempo, pero quería, de alguna manera, cerrar una página que había quedado abierta en mi vida reciente. Poco a poco todo iba completando un círculo cuya línea empezó a perfilarse muchos años atrás. Tal vez fue la casualidad o quizá el destino del que, como siempre, no podemos escapar, pero cuando llegué a aquel edificio colmena de gente trabajadora y humilde me encontré con que estaban sacando un ataúd por la estrecha puerta de la entrada. Me aproximé con la certeza de lo que me iba a encontrar. Me lo decía a gritos mi instinto que no paraba de hacer horas extras. Aceleré el paso antes de que introdujeran el féretro en el coche fúnebre que esperaba en la calle.

–¿Sabe quién era? –le pregunté sin más a uno de los de la funeraria.

–Era una anciana que vivía en el cuarto piso de este edificio. Se llamaba –miró una pequeña nota pegada en una libreta–... sí, aquí lo pone: Estella Corben. ¿La conocía?

–No mucho –le dije–. Solo la vi una vez.

–¿Puede decirnos si tenía algún familiar, algún amigo? –me preguntó mientras subía el ataúd al coche y cerraba las puertas.

–No lo sé seguro –le respondí–. No sé si hay alguien con vida que pudiera conocer a esta mujer, pero voy a intentar averiguarlo. De hecho, estoy en ello.

–Bueno –me dijo–, si lo averigua. Le ruego que nos lo haga saber.

–Descuide, así lo haré.

El coche fúnebre arrancó y se alejó despacio, como lo hacen los recuerdos. Yo supe que no debía hacer promesas que no podía cumplir. Siempre lo he sabido. Ahora me esperaban otros asuntos.

Cuando llegué a la armería el establecimiento se encontraba abierto. En el interior, Morgan estaba atendiendo a un posible comprador. Aunque parezca extraño, solo había uno; en Nueva Orleans la gente compra muchas armas. Era muy probable que la lluvia hubiera persuadido a los clientes para quedarse en el refugio de sus casas.

Esperé a que se marchara la persona a la que estaba atendiendo y me acerqué. Yo no era un buen cliente de *Precision Firearms and Indoor Range*, pero sí era un buen amigo de Marshall Morgan. En una armería suelen escucharse muchas habladurías y rumores. Por lo general se puede obtener algo de información interesante. Por eso solía acudir de cuando en cuando para charlar un rato con él. Algunas veces le había hecho favores, otras me los había hecho él a mí. Era una relación simbiótica. Nos conocíamos, sabíamos de qué pie cojeábamos y nos aceptábamos sin más.

–Hola, Morgan. Hace tiempo que no nos vemos –le dije mientras le estrechaba la mano.

–No sé si es buena o mala señal. ¿Qué te trae por aquí, Áureo? Me alegro de verte.

–Necesito un par de armas –le dije sin rodeos. Entre nosotros no cabían las medias tintas.

–Te escucho, amigo.

–Quiero dos STI modelo *Edge*, calibre 9 milímetros –le dije mirándole directamente a los ojos, sin pestañear, y esperé su reacción.

–Está bien –me respondió escueto.

–También necesitaré algo de munición –añadí.

–Está bien –repitió.

–Unas sesenta balas.

–Está bien, sesenta balas.

–Tengo que decirte otra cosa –tragué aire–. No puedo pagarte ahora.

–Está bien. Lo suponía, es un arma bastante cara. Encima quieres dos, pero no hay problema con un amigo. Sé que me darás el dinero cuando puedas.

–Voy a ser sincero contigo –le confesé–. No estoy seguro de que vuelva a verte algún día.

–Espero que te equivoques.

–Yo soy el primer interesado en que sea así.

–Estas pistolas son buenas para matar ratas –me dijo con doble intención–. Ya sabes que en la antigüedad esos bichejos llevaron la peste a la vieja Europa. Es bueno acabar con esos roedores, rápida y contundentemente.

–Gracias Morgan, intentaré hacer un buen uso de ellas. Me han dicho que hay unas alimañas muy peligrosas por esta ciudad.

–Dales el uso que debas darles –me aconsejó–. Imagino que no querrás que te las empaquete, ¿verdad?

–No, claro –sonreí–, me las llevo puestas.

Le di la mano de nuevo en señal de agradecimiento y me dirigí a la puerta para irme.

–¿Quieres que rece por ti? –me preguntó cuando ya estaba saliendo–. Sabes que soy creyente.

–Pues no estaría de más –le respondí–. Toda ayuda es buena y más si viene del cielo.

–Hasta la próxima, amigo– se despidió.

Ya en la calle, el cielo no parecía muy ufano. Había escuchado de refilón en una radio que se aproximaba una buena tormenta, de las que marcan época, según decía el locutor. Pero yo no estaba para tormentas, salvo aquellas que yo mismo pretendía provocar.

Nunca antes, hasta el otro día cuando me enfrenté a la asesina de Simón, había matado a nadie. Jamás hubiera pensado que llegaría a hacerlo. Ahora no solo quería matar a uno, mi odio era tan inmenso, que estaba dispuesto a acabar con la vida de cada uno de los acólitos de Cyrus que se me pusiera por delante. Incluso lo iba a hacer con premeditación, esperando mi momento, el lugar adecuado. Sabía que no me estarían esperando, que incluso creerían que estaba muerto. Mama Bessi había invertido el wanga: «como es arriba, así es abajo». Cyrus no sospecharía y tampoco sus siervos.

Esa misma tarde se iba a celebrar una ceremonia, imaginé que semejante a la que Simón y yo asistimos. Estaba seguro que, unas horas antes, sus allegados irían a realizar los preparativos previos. Entonces sería la hora, ese sería el momento adecuado. Lo había planeado detenidamente. Jugaba con ventaja, iba un paso por delante de ellos. No esperarían que fuera a hacerles una visita de cortesía. Antes debía comprar unos cuantos regalos para no ir con las manos vacías. Me acerqué a una ferretería y cogí unos rollos de cinta aislante bastante gruesa, unas cuerdas, varias cajas de cerillas, un mechero de gas y una linterna. Después fui a una gasolinera y cargué con unos litros de carburante, no muchos, unos tres o cuatro, suficientes para lo que pensaba hacer con ellos.

Era mediodía del martes treinta de agosto. El mes más extraño de mi vida estaba llegando a su fin, rodeado de una gran tormenta muy parecida a la que envolvía mi alma. Había adquirido todo lo que necesitaba y ahora iría a la iglesia donde Frederic Cyrus celebraba sus misas negras. Si me daba prisa me daría tiempo suficiente para llevar a cabo mi plan.

Llamé a un taxi que pasó por mi lado por casualidad, ya que bajo el aguacero era improbable encontrar uno que no estuviese ocupado, y me llevó en unos minutos hasta la calle Saint Peter, donde se encontraba el templo.

La puerta estaba entreabierta. Me planté ante ella e hice un rápido recuento de todo lo que llevaba. Noté el frío del metal de las pistolas, toqué las balas que llevaba en el bolsillo para recargar si era necesario, la cinta aislante y las cuerdas. Llevaba el recipiente de gasolina colgado del cuello, disimulado con una vieja gabardina impermeable que me había puesto encima a pesar del calor. Entré sigiloso y me oculté detrás de la primera columna que encontré. Al principio el recinto estaba vacío. En ambos lados del hounfort ardían dos pequeños incensarios, lo cual me dio a entender que tenía que haber alguien rondando por la iglesia.

No me equivocaba.

Creo que tuve mucha suerte, o tal vez no fuera la suerte, sino algo más concreto que estaba actuando en mi beneficio, ayudándome a realizar la misión que me había propuesto. Hasta el momento todo se había vuelto en mi contra, pero las cosas empezaban a cambiar. Estaba plenamente convencido de ello. El destino acababa de dar un giro brusco. Antes de darme cuenta, los dos negros guardaespaldas de Cyrus, sus mamporreros oficiales y las dos zorras que habían torturado a Nicholas, estaban frente a mí, a unos escasos metros, arreglando el altar y situando los diferentes objetos que luego iba a utilizar el boko en la ceremonia. Recipientes, cuchillos, imágenes, todo ocupaba una posición prefijada, pero esos hijos de puta no sabían todavía que no iban a hacer uso de esos artilugios nunca más. Sentí cómo la ira me inundaba inyectando de sangre mi mente. El odio me cegaba, pero debía controlarme y dominar una furia que podía llevar al garete todos mis planes. Debía estar con la cabeza fría, seguro de mis actos.

Salí de mi escondite como un tigre, con pasos silenciosos pero firmes y decididos; no tenía ni un asomo de duda. Cuando advirtieron mi presencia estaba casi encima de ellos. Cómo me alegré al contemplar sus caras de sorpresa. No esperaban verme. No tuvieron tiempo para reaccionar, cuando se dieron cuenta de lo que estaba ocurriendo ya era demasiado tarde para ellos.

Recuerdo que lanzaron alguna expresión entre el asombro y la consternación. Pero antes de que pudieran decir ninguna palabra, saqué las dos pistolas, elegí al azar a uno de los dos negros y le disparé cerca de la entrepierna. La sangre salpicó por todos lados. Era muy probable, otra vez mi recién estrenada buena suerte, que le hubiera alcanzado la femoral. Antes de que cayese al suelo le volví a disparar en la otra pierna, concretamente en la rodilla. La rotula crujió como madera seca. Solo quise advertirles y que se dieran cuenta de que iba en serio. Quizá con educadas palabras también me habrían creído, pero no estaba para perder el tiempo.

–¿Qué haces, maldito hijo de puta? –me preguntó el otro negro, el que todavía permanecía en pie.

–Vaya, en esta ciudad todo el mundo parece conocer a mi madre. Por lo que se ve era, o muy famosa o muy puta, o ambas cosas.

Una de las zorras negras intentó lanzarse sobre mí con escaso disimulo. Se dio cuenta de su error cuando la mano derecha le saltó en pedazos debido a otro certero disparo. ¡Joder! Estaba teniendo una puntería de la hostia, y eso que hacía tiempo de las últimas practicas de tiro, unos veinte años, más o menos, y eso que nunca había disparado a personas. Bueno, aquellos eran para mí menos que animales, ni miserables alimañas siquiera.

La puta se cogió lo que le quedaba de mano y rugió de dolor. Los demás se quedaron quietos como estatuas. El mensaje les había llegado alto, claro y contundente.

Entonces saqué la cinta y las cuerdas, que para algo las había traído y no me iba a gastar en balde el poco dinero que tenía.

–No quiero oír una sola palabra –les dije.

Les obligué a atarse, unos a otros, con la cinta adhesiva que había cogido para tal menester. Después los senté en el suelo de madera, espalda contra espalda, formando un círculo. Me aseguré de que quedaban bien sujetos rodeándoles con más cinta, tanto sus cuerpos, como sus piernas y manos. Por si las moscas les até también con las cuerdas para que no tuvieran una mínima posibilidad de escapar. Me movía metódicamente, sin ninguna expresión en mi rostro que delatase odio y sed de venganza, una sed que convertía mi garganta en un trozo de esparto y un odio que enloquecía mi mente y mi alma.

Entonces cogí la garrafa de gasolina de unos dos litros que llevaba conmigo y los rocié a todos con el combustible. El fuerte olor les advirtió de lo que era aquel líquido y por tanto de lo que pretendía hacer con él. El terror, para mi disfrute, se reflejó en sus asquerosos rostros negros.

El mechero lanzó una llama de muerte, semejante a la explosión de un pequeño sol en sus últimos momentos de existencia, antes de perderse en la oscuridad del vacío.

–¡Hijo de puta! –me volvió a insultar el negro–. ¿Qué vas a hacer? ¿Estás loco?

–De remate –le contesté–. Por cierto, os he dicho que no quiero escuchar vuestra puta voz, pero no me importaría hacerlo con vuestros sollozos, súplicas, alaridos y lamentos.

Lancé el mechero contra el cuerpo mojado de gasolina de una de las negras. Parecía una fiera inhumana llena de odio y rabia, pero también, y eso me alegraba sobremanera, de impotencia.

La muy zorra ardió como una antorcha mientras se agitaba por el dolor. El fuego pasó pronto a sus compañeros, prendiendo la ropa y quemando la piel, los párpados, los labios y los ojos de los cuatro perros de Cyrus.

Estuve allí, mirando cómo las cuatro bestias se contorsionaban, como en una ceremonia vudú de las que tanto les gustaba practicar. Sus gargantas gritaron de dolor, con un inmenso sufrimiento que marcó sus últimos estertores, mientras ardían a fuego lento, retorciéndose como marionetas enloquecidas, chillando como cerdos al ser degollados en el matadero. Juro que me embargaba una felicidad imposible de definir. Jamás pensé que me iba a alegrar tanto de causar dolor, pero así era. En esos momentos fui un tipo verdaderamente dichoso y afortunado.

Después de un buen rato, los cuerpos quedaron carbonizados. Era un hermoso espectáculo. La gasolina se consumía y los malnacidos habían muerto. Arrojé unas cuantas plumas negras alrededor de ellos. No sabía si iba a funcionar, ya que no era un experto en hechizos, ni sortilegios, ni wangas, pero nunca se sabe y quizá, con la suerte que estaba teniendo, igual sus almas sufrían torturas terribles en el otro mundo. Así me recordarían por toda la eternidad.

Por un momento les apunté a la cabeza con las pistolas, pero después de recapacitar unos instantes opté por no desperdiciar más munición con ellos. Cogí el recipiente de la gasolina y lo acabé de vaciar por las sillas y el altar. De nuevo le prendí fuego, esperaba que toda la iglesia ardiera hasta los cimientos, que no quedase piedra sobre piedra, como si fuese una maldición bíblica.

Había completado la primera parte de mi misión, ahora restaba la segunda y más importante.

Me esperaba Frederic Cyrus.

Y no pensaba faltar a mi cita.

XV

EL SUSURRO DE LAS FLORES MARCHITAS

> Cuando me presione para tu corazón/estoy en un mundo aparte/un mundo donde las rosas florecen/y cuando hablan [...] los ángeles cantan desde arriba/todos los días parecen palabras [...] para convertirse en canciones de amor.
>
> *La Vie en Rose*, Louis Armstrong

> ¿Dónde estaba tu estrella?/¿Fue lejos, fue lejos?/¿Cuándo nos fuimos?/Creíamos, creímos, creímos/En calor y Lluvia./Con los látigos y las cadenas,/para verlo volar,/muchos murieron./ Construimos una torre de Piedra,/con nuestra carne y hueso,/para verlo volar.
>
> *Stargazer*, Rainbow

El cielo rugía. Apenas podía caminar por las calles zarandeado por un viento de mil demonios. Era como si la naturaleza, harta y hasta los mismos cojones de los desplantes de la gente, se hubiera dispuesto a cambiar las costumbres de los humanos de manera radical. Pero no existía fenómeno atmosférico, por muy mala leche que tuviera, que fuera capaz de frenarme en ese momento. Me paré un instante en un portal buscando un poco de refugio, justo el necesario para comprobar las pistolas y recargar las tres balas que había usado. No es que me preocupasen tres balas más o menos, pero pude tomar aliento y coger fuerzas para continuar avanzando hacía el 108 de Bourbon street, mi siguiente y última parada.

Unos días antes ya me había enfrentado en dos ocasiones a la vieja casa. Para mí se había convertido en un personaje más, un enemigo que me observaba y se ocultaba esperando su momento. Era como si el hogar de Frederic Cyrus estuviera hechizado y fuera un ser vivo. Sus cimientos eran los huesos, las paredes la carne, las ventanas los ojos, los muebles los órganos de un inmenso ser consciente y también maligno como su dueño y señor. Por eso, cuando estuve de nuevo frente a ella, dispuesto a cruzar el jardín, me sentí como si estuviera ante un precipicio donde cualquier pequeño error, un casual resbalón, daría con mi cuerpo en el fondo de un abismo que me recibiría con púas y estacas. El viento huracanado arrastraba con fuerza inusitada miles de hojas, ramas arrancadas, plásticos, maderas rotas y cajas; una incontenible marea, invisible pero poderosa, que se lo llevaba todo por delante. Yo era un objeto más en medio de la vorágine.

Me llamó la atención que las plantas, rosales y demás flores que adornaban el jardín, habían sido destrozadas por la fuerza del viento. Su belleza había quedado asolada. La misma casa parecía quejarse y crujir bajo la seria amenaza de verse arrancada de sus cimientos. Algunas ventanas estaban medio descolgadas golpeando contra las paredes. Llegué hasta la puerta que, como supuse, estaba cerrada. Dudé por un momento, pero, sin pensarlo una segunda vez, disparé contra la cerradura haciéndola saltar en pedazos. Estaba seguro de que, con el ensordecedor ruido del viento y los golpes de las ventanas, nadie habría advertido mi disparo, ni fuera ni en el interior de la vivienda.

El viento empujó la puerta y me invitó a entrar.

Dentro estaba oscuro, no llegaba apenas luminosidad de la calle, así que saqué la linterna que llevaba conmigo; las cuerdas y la cinta adhesiva ya las había utilizado. Puedo afirmar que cumplieron su cometido a la perfección. El haz de luz recorrió la sala donde había vivido y sufrido mis encuentros con Cyrus. Los maceteros seguían en sus lugares, repletos de flores jugando con las sombras, creando figuras espectrales. Emanando un aroma que me sugería al de los cementerios, el olor de la muerte.

Parecía que la casa estaba deshabitada. No se oía nada excepto el estruendo que llegaba del exterior. Me sentí decepcionado y estuve a punto de irme cuando creí escuchar algo extraño, era un sonido que no provenía de la tormenta, pero al mismo tiempo parecía un silbido del viento, quizá mejor, como un lejano susurro. Intenté concentrarme y aislar ese sonido extrayéndolo del ruido ambiental. Entonces recordé que en la última visita pude ver a Cyrus salir de una pequeña puerta medio oculta en una pared de la habitación. El instinto me dijo que debía investigar allí. Iluminé con la linterna y la descubrí al momento. Me acerqué a ella y, para mi sorpresa, el susurro que creí haber escuchado antes, se hizo más claro e intenso. Ahora estaba seguro de que ese sonido se producía dentro de la casa y, más concretamente, detrás de la pequeña puerta. Agarré el pomo redondo y lo giré hacia un lado. No ofreció ninguna resistencia, la puerta estaba abierta, lo que me dio a entender que no me esperaba, que estaba confiado y seguro de que no tenía nada que temer, nada de lo que preocuparse. Se equivocaba.

Ante la puerta abierta que me aguardaba como la boca de un monstruo, un fuerte escalofrío recorrió mi espalda desde la rabadilla hasta la nunca. Por un momento sentí miedo, pero al instante, el odio y el ansia de venganza me dominaron por completo. Después de llegar hasta allí no iba a darme la vuelta sin más, eso lo tenía asumido. Pasase lo que pasase, o me llevaba por delante a Frederic Cyrus o no salía con vida de aquel lugar. Se lo debía a demasiadas personas: a Moira, a Simón, a Mama Bessi, a Nicholas y a mi madre Docelia Marie. ¿Qué dirían si ahora me largaba acojonado como un conejo? Hice lo que debía hacer, saqué la botella de whisky que había traído metida en una bolsa de papel y le di un buen trago. Al menos vacié un cuarto de la botella. Después la dejé sobre una mesa, ya no la iba a necesitar, y crucé la puerta hacia lo desconocido, hacia la oscuridad.

Tras el umbral me encontré con una escalera que descendía, supuse, hacia un sótano. Enfoqué la linterna para no caerme por los escalones y al momento la apagué para descender sin que se pudiera detectar mi presencia. Conté ocho peldaños, después llegué a lo que parecía un estrecho rellano. Tanteé las paredes y enseguida me di cuenta de que frente a mí había un pasillo. El susurro que antes había escuchado aumentaba de intensidad. En esos momentos ya era totalmente consciente de que me acercaba a mi destino final.

El pasillo debía tener unos pocos metros de largo. Caminé a tientas dejando deslizar mi mano sobre la pared de la izquierda, mientras con mi mano derecha sujetaba una de las pistolas. Al poco noté que la pared acababa de repente dejando un vacío a mi lado. Allí el susurro era muy fuerte y claro. La fuente de donde provenía el sonido estaba delante de mí, demasiado cerca para mi tranquilidad, en las tinieblas.

Entonces encendí la linterna.

Lo que pude ver fue un espectáculo sacado de la mente de un psicópata. Algo que ni la imaginación desbordante de un Dante Alighieri habría vislumbrado en sus más terribles pesadillas. La luz enfocó directamente al inhumano Frederic Cyrus. Estaba desnudo y tumbado sobre unos almohadones, parecía drogado, envuelto en éxtasis. Pero lo más horrible era que estaba rodeado por varios cuerpos femeninos, también desnudos, que se frotaban y arrullaban contra él. Eran unas jóvenes, casi unas niñas, que le acariciaban con sus manos y labios. Una visión tan horripilante que incluso a una mente bastante depravada como la mía, le costaba un mundo soportar. No puedo ni atisbar lo que hubiera supuesto contemplar aquella escena a una mente más débil como la de una abuela católica de esas que llevan todo el día colgando un rosario entre sus tetas. Seguro, habría descendido a un pozo de locura absoluta del que jamás habría salido. El susurro que había escuchado antes eran unos sonidos guturales que producían las chicas, como si no pudieran hablar y solo lograran emitir unos murmullos extraños, como el viento cuando recorre las lápidas de un cementerio, como un lobo herido mientras se le escapa la vida, como el último suspiro de un moribundo.

La escena era perversa y demencial, pero lo peor fue cuando me di cuenta de un espeluznante detalle, por llamarlo de alguna manera. Me fijé en el rostro de aquellas niñas, rostros sin expresión, grises y macilentos; vi sus ojos sin pupilas, blancos y sin vida. Entonces comprendí, mientras mi alma saltaba en pedazos, que aquellas pobres chicas ya estaban muertas. Frederic Cyrus las había matado y después las había resucitado, las había convertido en zombis. Sufrí una arcada y vomité en el pasillo. El boko, como bien dijo Mama Bessi, no había advertido mi presencia. No sabía que estaba allí mismo, frente a él. Ni siquiera le deslumbró la luz de la linterna, tal vez por el efecto del sortilegio invertido o quizá porque estaba completamente absorto en un increíble éxtasis infernal. El muy cabrón las había violado en vida incontables veces y, después, cuando se cansó de la belleza, las mató para seguir obteniendo un placer macabro e insano. Para Cyrus la muerte era hermosa y la profanación de la vida le daba un poder absoluto sobre ella, tal vez un placer antinatural. Entonces entendí el significado de sus palabras sugeridas en cada uno de nuestros encuentros. La vida y la muerte estaban unidas por una línea demasiado frágil y que él gustaba de cruzar y romper a su antojo.

Había llegado el momento. Cualquier mínima duda y estaría perdido. La imagen de Nicholas sobre el suelo de mi despacho, con los órganos sexuales metidos en su boca, vino a mi mente y estalló en llamas alimentando la hoguera de mi locura. Recordé a Simón con el pecho abierto. Sentí de nuevo el calor de los ojos de mi madre en mis manos. Noté en mis pulmones el último aliento de Mama Bessi.

Disparé. El fogonazo recorrió la penumbra como una explosión en la noche. Aunque le apunté a la cabeza, la bala entró por el lado derecho del cuello de Frederic Cyrus. Debió romperle la carótida, pues la sangre brotó como un surtidor. Intentó, con desesperación, taponar la herida con su mano. Sus ojos se abrieron como los de un búho. Pude ver en su mirada que había comprendido con total certeza lo que estaba ocurriendo. Supo en ese preciso instante, en que la vida se le escapaba a toda velocidad, que había sido engañado, que sus artes oscuras y sus sortilegios se habían vuelto contra él. La magia había sido manejada eficaz y letalmente siguiendo leyes ancestrales. Comprendió que su fin estaba cerca y que su existencia contaba los últimos momentos sobre esta tierra.

Entonces me vio, como días antes me había ocurrido a mí mismo con él. Se había ocultado durante años de mí y entonces, cuando ya era tarde para que Cyrus pudiera reaccionar, fui yo el que permaneció invisible para él. Me vio allí, plantado a unos escasos metros de donde se encontraba. Aún tuvo fuerzas para levantarse y señalarme con un dedo acusador y delator a la vez. Al instante, como siguiendo una orden silenciosa, los rostros de las trece niñas, las trece flores arrancadas prematuramente de sus tiestos, cortadas sus raíces cuando más bellas eran, me miraron. Trece pares de ojos con el velo de la muerte cubriendo su visión me buscaron en la penumbra. Entonces las jóvenes muertas empezaron a avanzar hacia donde yo estaba. Contando que aún tenía unos segundos de tiempo apreté de nuevo el gatillo de la pistola. Esta vez la bala acertó en el blanco. Le abrí un puto tercer ojo en la frente. El disparo entró limpio, pero surgió por detrás abriendo un terrible boquete por el que brotaron sus sesos como una masa sanguinolenta que cubrió gran parte de la pared. Mientras se desplomaba ya inerte, disparé de nuevo. Un último disparo que le reventó los cojones.

Ante mis ojos y bajo el baile de luces de la linterna, pude ver como el cuerpo y el rostro de Cyrus cambiaba de forma, como si se corrompiera en su propia maldad. La piel oscura que siempre había resultado brillante y tersa, adquiría una consistencia arrugada y una tonalidad de ceniza. Su pelo encaneció de repente y sus ojos, antes brillantes como soles malditos, se apagaron en un acuoso océano de negrura y horror malsano. Los tatuajes que lucieron orgullosos ya solo eran unos tristes surcos desdibujados en su piel. Del porte altivo que antes encumbraba a Frederic Cyrus simplemente quedaba la presencia de un extraño personaje lleno de decrepitud y malignidad. Tal vez esa era su verdadera imagen, no la que mantenía ante sus siervos y en sus orgías, si no la de un ser que vagaba entre la vida y la muerte, cuyo cuerpo había soportado siglos y siglos de antigüedad.

Aunque estaba satisfecho, mi alegría no había concluido del todo. Mientras empezaba a retroceder ante el avance de las muertas, observé tras ellas, donde se encontraba el cadáver del boko, del maldito hijo de puta que había asesinado a tantas personas, a mi madre, a la Reina Bruja; una imagen que dudé de si era real o una alucinación de mi mente ya maltrecha. Creí ver una silueta difuminada y borrosa, parecida a una sombra iluminada por un leve resplandor, que se inclinaba sobre el cuerpo de Cyrus. Era una figura humana. Pensé que podía ser un espectro, un fantasma o algo parecido. De repente esa figura se detuvo y giró su cabeza hacia mí. Puede que los últimos acontecimientos me enloquecieran, o que siempre hubiera estado mal de la cabeza, pero el corazón me decía que no, que esa entidad que estaba allí y que me miraba, me estaba enviando un mensaje de cariño, de amor. Donde debían estar los ojos de aquella criatura, relucían dos pequeños puntos de luz. Donde debían estar los labios había una borrosa línea brillante como el horizonte antes del amanecer.

Contemplé cómo se abalanzaba sobre el cadáver de Frederic Cyrus. Las manos del espectro hurgaban en el interior del cuerpo del boko. Eran unas garras que, agitándose como cuchillos, cortaban y despedazaban, pero no lo hacían con la carne, ni con los músculos, ni los huesos, sino que laceraban el alma. Supe que aquel ser estaba ejerciendo su venganza sobre el cruel asesino, estaba haciendo jirones el alma oscura y maligna de Cyrus. Destrozando su esencia eterna como si fuera un simple papel, rompiéndola en mil pedazos. Era un ente enfurecido e imparable, carente de sentimientos y piedad, que aniquilaba a su víctima condenándola a una tortura sin límites, infinita.

El espectro se giró de nuevo hacia mí. Escuché con total claridad una voz en mi mente que me dijo que corriera y escapara de allí, que ya no quedaba tiempo. También me dijo que me quería. Al principio pensé que el fantasma que estaba destrozando el espíritu de Cyrus era el de Mama Bessi Odette, pero entonces entendí que no era así, que estaba equivocado. Era el espíritu de mi madre asesinada, el alma de Docelia Marie Lachaise, la Reina Bruja de Nueva Orleans.

Pero debía tener en cuenta la advertencia de mi madre: ya no quedaba tiempo. Las jóvenes se estaban acercando. Eran una horrenda procesión de muerte y podredumbre. Rostros macilentos sin vida. La piel de las jóvenes se encontraba ribeteada por pequeñas venas que las surcaban como afluentes de ríos corrompidos. Sus ojos blancos como nieve malsana, me miraban sin sentimiento. Disparé repetidas veces. Algunas chicas caían al suelo y volvían a levantarse. Entonces me di cuenta que los disparos no les hacían efecto si no los recibían en la cabeza.

Estaban a punto de rodearme, así que tuve que reaccionar a la desesperada. Disparé a la cabeza de una de las chicas que estaba más próxima. Un segundo después del impacto su cuerpo se desplomó. Efectivamente, no volvió a levantarse. No sabía si me quedaban muchas balas, ni cuántas había podido recargar, y antes que nada debía encontrar entre aquellas niñas desprovistas de vida a la hija de Moira. Todo lo que había ocurrido durante las últimas semanas me llevaba a esa encrucijada en la que estaba inmerso. Al fin había descubierto el terrible destino de Vanessa Dago. Si me marchaba de allí dejándola en aquel estado, no me lo perdonaría nunca. No sabía si lo conseguiría, pero al menos debía encontrarla y acabar para siempre con ella, para que su alma no sufriese y su cuerpo pudiera descansar en paz.

Retrocedí unos pasos ante el avance de las zombis. Sus cuerpos se arqueaban como si fueran muñecas rotas. Sus manos como garras intentaban alcanzarme. Creo que en esos momentos ni me latía el corazón ni respiraba siquiera. Volví a disparar y otra chica cayó con un agujero entre los dos ojos. La linterna bailaba de un lado a otro. Me resultaba casi imposible fijar su luz en un punto concreto. Caminado hacia atrás tropecé y caí de espaldas. Una de las jóvenes se lanzó hacía mí. Sujeté sus manos agarrándola por las muñecas. Aunque en esos instantes no la veía, noté un olor nauseabundo, su rostro estaba demasiado cerca de mi cuello. Pude notar la dureza de sus dientes hiriendo mi carne. Otra chica me cogió la pierna y me mordió con saña. Si no hubiera reaccionado pronto, ahora estaría muerto. Con la pierna libre golpeé la cabeza de la muerta, escuché el sonido del cráneo al romperse. Realizando un gran esfuerzo aparté a un lado a la que tenía sobre mí. De nuevo apunté con la linterna, las tenía a todas a unos dos metros, dispuestas a acabar conmigo y, con probabilidad, a devorarme hasta los huesos.

Entonces la vi. Allí, algo más retrasada, reconocí a Vanessa Dago. El rostro juvenil que había visto en decenas de fotos, que había memorizado hasta que, incluso en sueños, la veía moverse, jugar y reír, como si la hubiera conocido en persona, estaba entre el grupo de zombis. Una más en ese macabro ramillete de flores marchitas, como las llamaba, aunque yo no lo sabía entonces, el hijo de puta de Frederic Cyrus, cuya alma esperaba que estuviese sufriendo una tortura eterna en la Zona Muerta o ardiendo en el Infierno o en donde coño pudiera estar. En esos momentos me importaba mucho menos mi vida que el sufrimiento en el que podía estar inmersa la hija de Moira. Así que cometí una temeridad. Me fui hacia ellas disparando todas las balas que me quedaban. Buscaba como un desesperado a Vanessa. Recordé a Estella Corben, y a su nieta, Rose, y recordé también la promesa que le hice a Estella, recé para que ojalá pudiera cumplirla. No fuese que el espíritu de la señora Corben me persiguiese desde el más allá. Recé porque Rose hubiera caído abatida por alguno de mis disparos y que pudieran encontrarse en la otra vida. Pero no podía hacer nada más por ella. No la había podido reconocer.

De pronto me vi rodeado. Una de ellas me mordió el brazo y otra me cogió por detrás. Las manos de la zombi, como garras de halcón, me rodearon la cabeza y sus uñas se clavaron en mis ojos. Justo unos momentos antes había logrado reconocer de nuevo a la hija de Moira. Apunté con cuidado, ignorando totalmente lo que tenía encima y el hecho de que estaba condenado. Fijé la linterna en el rostro de la chica y disparé. Al mismo tiempo que la bala impactaba en su frente, perdí la visión de lo que ocurría. Sentí un dolor lacerante y dejé de ver. Todo se volvió oscuridad. Empecé a disparar sin sentido a un lado y otro, en un intento desesperado de salir de allí, pero me quedé sin munición. No encontré la otra pistola, tal vez la había perdido en mitad de la refriega. Varias manos me cogieron y caí al suelo.

Me di por vencido y dejé de forcejear, esperando que mi muerte fuese rápida, aunque dudaba de que ser devorado vivo fuese la idea de un final agradable, plácido y rápido.

Entonces escuché un gran estruendo que se aproximaba hacia el lugar donde me encontraba. Algo arriba había penetrado en la casa y llegaba a toda velocidad arrasando con lo que encontraba a su paso. Me sentí zarandeado por una cantidad inmensa e incontenible de agua. La fuerza del líquido elemento me llevó de un lado a otro, golpeándome contra las paredes como si fuera un muñeco.

En el último momento de consciencia llegué a pensar que, a pesar de todo, la suerte seguía sin abandonarme. Por lo menos no iba a ser comido vivo por unas malditas zombis. Morir ahogado era una opción de cojones. No me parecía un mal final para mi azarosa vida y ya era hora de que pudiera descansar de una vez. Incluso lo deseaba, las personas que habían sido importantes para mí ya estaban muertas y, seguramente, me estarían esperando al otro lado. Estaba convencido de que Vanessa había muerto, esta vez para siempre, por lo que podía darme por satisfecho. Al menos, en mi conciencia, había completado la misión y desentrañado lo que le había ocurrido a la hija de Moira. Lamentaba no poder decírselo y que siempre le corroyese la incertidumbre. Vanessa descansaba en paz, después de haber sufrido una muerte en vida. Del resto de las chicas, lo sentía por ellas, especialmente por Rose, aunque quizá era una de las que había abatido. Me hubiera gustado acabar con todas, pero al menos lo había hecho con un buen puñado. En este mundo ya no me quedaba nada, así que me abandoné a mi suerte y dejé de forcejear contra la fuerza de la naturaleza. El aire me faltó en los pulmones y al momento me sumí en un océano oscuro de paz y tranquilidad.

XVI

DESPUÉS DE LA TORMENTA

> El jefe de Seguridad Interna de Nueva Orleans, Terry Ebbert, señaló que los saqueadores allanaron los comercios en toda la ciudad y robaron gran cantidad de armas y municiones, y que bandas de hombres armados recorrieron las calles. Indicó a su vez que la sección de armas de los almacenes Wal-Mart, en el distrito Lower Garden, fue completamente vaciada por los saqueadores. En la misma línea de bandidaje, el armero Marshall Morgan había sido asesinado mientras intentaba defender su establecimiento Precision Firearms and Indoor Range de un grupo de ladrones a los que no dudó en enfrentarse.
>
> *The Times Picayune,* Nota de prensa

Cuando desperté sólo fui consciente de una terrible verdad: el mundo se había vuelto negro para mí, como si alguien hubiera apagado el sol en el cielo o borrado todas las estrellas de la noche. Estaba ciego.

Las heridas que me produjo el enfrentamiento con las zombis habían sido fatales. Mis ojos, según me dijeron más tarde los médicos que me trataban, habían quedado desgarrados, sufriendo unas graves heridas en las corneas. A pesar de ello y del daño causado me dieron unas pocas esperanzas de que con una operación pudiera recuperar algo de la vista perdida. No me dieron una total seguridad, pero sí muchas posibilidades. Añadieron que no acaban de entender qué tipo de animal salvaje podía hacer una cosa así. Yo lo sabía, la bestia no era otra que la maldad humana. A mi pesar tuve que permanecer algunos días más en el hospital. Me aconsejaron que era lo mejor, no solo por mi salud, si no por la situación extrema que se estaba viviendo en la mayor parte de Nueva Orleans. El lago Pontchartrain se había desbordado, anegando casi en su totalidad muchos de los barrios próximos. Badé, el Loa del viento, debió de estar verdaderamente cabreado. Parecía ser que un huracán, bautizado con el dulce nombre de Katrina, se lo había llevado todo por delante. Durante los últimos días había estado demasiado centrado en otros asuntos menos, ¿cómo lo diría?, menos mundanos que un simple huracán. No había visto la televisión, aunque pocas veces lo hacía. No había escuchado la radio, por lo que no fui consciente de las noticias que advertían de la llegada del temporal. Cada minuto de mi reciente pasado había sido un compendio de dolor, de odio, de venganza y de muerte. Estuve ajeno a todo lo que ocurría a mi alrededor. Aunque el cielo se hubiera estado cayendo sobre mi cabeza no me habría dado ni cuenta.

Comprendí que el agua del río y del lago habían penetrado con fuerza en el interior de la casa y anegado el sótano. Por suerte me arrastró hasta el exterior cuando, sin saberlo, o por lo menos no era totalmente consciente de ello todavía en ese momento, ya estaba ciego. Me desmayé quizá golpeado por algún objeto o contra una pared. Supongo que el agua me sacó de la casa y que acabé flotando por las calles. Con seguridad, fui protegido por manos invisibles que me mantuvieron con vida, hasta que algún buen samaritano que pasaba cerca de mí, me salvó. Más adelante escuché historias de verdaderos actos heroicos que tuvieron lugar durante y después de la inundación. Aunque me resultaba difícil creerlo y aceptarlo, todavía caminaban por el mundo personas altruistas y desinteresadas, héroes que arriesgaban sus vidas por los demás. Yo, claro, no estaba entre ellos, ¿o tal vez sí?

El médico que me atendió durante mi convalecencia me dijo que iban a darme el alta al día siguiente.

–¿Tiene algún familiar o amigo para que podamos avisarle? –Me preguntó el doctor–. Sería importante, en su estado, que alguien pudiera venir a recogerle.

–Ya me gustaría que fuese así, pero le confieso que no hay nadie interesado por mí. No tengo familiares y casi ningún amigo, por lo menos ninguno que me importe de verdad, o yo a él.

–Lo siento mucho, Kavanac, pero necesitamos la cama que ocupa. Hay personas que la precisan ahora más que usted. Hay mucha gente en una situación delicada. Vivimos momentos difíciles y trágicos.

–Si lo considera adecuado puede darme el alta hoy mismo –le dije–. La verdad es que me empieza a faltar el aire aquí dentro. Nunca me han gustado los hospitales. Así que no es necesario esperar más.

–Es mejor que descanse esta noche tranquilamente y reponga fuerzas que, con toda seguridad, va a necesitar fuera de esas paredes. Mañana pasaré sobre las once y le daré el alta. Espero que le vaya todo bien, pero tenga mucho cuidado, la situación en las calles es muy mala. Busque alguna casa de acogida, alguna pensión. Encuentre algún amigo, le va a hacer falta mucha ayuda.

–Le agradezco su preocupación. Sabré defenderme y salir adelante. Gracias de nuevo, doctor.

Cuando el médico salió de la habitación la puerta se cerró tras él, pero al momento se volvió a abrir.

–¿No me ha dicho que no conocía a nadie? –me preguntó el doctor–. Pues tiene una visita.

Escuché el sonido inconfundible de unos pasos. Había cambiado sus zapatos de tacón por otros de suela de goma, quizá unas zapatillas de deporte, pero sabía quién estaba allí, frente a mí. Aquel perfume familiar llenaba la habitación con un dulce aroma que nunca habría podido olvidar, pues se había aferrado a mi piel.

–Me alegro de que estés aquí, Moira –le hablé antes de que ella pudiera hacerlo–. Me imagino que ya sabrás que no puedo verte. ¿Cómo me encontraste?

–No fue fácil, la verdad. Son momentos de mucha confusión y sí, sé que no puedes ver, me lo ha dicho el médico –escuchar de nuevo su voz me reconfortó más que cualquier medicina.

–¿Cómo están las cosas por ahí fuera? –pregunté–. ¿Es tanto el daño como me han dicho?

–Las calles están anegadas, obstruidas por árboles y postes caídos –me narró–. Es un espectáculo muy duro de contemplar. Las casas están vacías, fantasmagóricas. Apenas hay vida en ellas. A veces una mascota abandonada, algún perro que quedó atrás o que logró salvarse cuando sus dueños no pudieron hacerlo. La ciudad se ha convertido en un cascarón inútil por el que vaga la gente como espectros, buscando comida, medicinas o ayuda.

–Es terrible –afirmé. Aunque, para ser sincero conmigo mismo, mi corazón se encontraba bastante endurecido en esos momentos. Después de lo que había vivido y sufrido, pocas cosas podían conmoverme.

–He visto caras anónimas deambulando –continuó–, sabiendo que es muy probable que nunca puedan rehacer sus vidas. La desesperanza, la negligencia y el sufrimiento se han cebado en las calles, la ciudad ha sido herida de muerte. No dudo que con los años recuperará el esplendor que ha perdido, pero va a ser un trabajo muy arduo y costoso. Vamos a tener que hacer grandes sacrificios. Las heridas que ha abierto el huracán Katrina tardarán mucho tiempo en curarse.

–Estuve un tiempo obsesionado hasta la médula con el caso –cambié de tema de forma radical. Sabía a qué había venido Moira y me sentí en la responsabilidad y la obligación de ir al grano–. Me superó por todos los lados.

–Fui varias veces a tu despacho. No había nadie y nadie contestaba al teléfono.

–Los últimos días, antes de que sobreviniera la inundación, ocurrieron unos hechos terribles. Es una larga historia que no creo que te guste escuchar.

–La conozco en parte, por lo menos lo que se oye por ahí. Me enteré de la muerte de Nicholas. Las noticias corren como la pólvora y me he informado todo lo que he podido. Sin embargo, como bien dices, no deseo conocer los detalles. Me imagino que has dado con algo importante, quizá definitivo, sobre el paradero de mi hija Vanessa.

–Así es –le dije–, estás en lo cierto.

–Entonces ya tienes la respuesta que he estado esperando –me dijo con voz temblorosa. Por primera vez noté el miedo en sus palabras. Antes siempre se había mostrado como una mujer dura y fuerte.

–Sí –le respondí–, la tengo.

–Dime –sacó fuerzas de su interior para escuchar lo que tenía que decirle. La razón que me había llevado a los acontecimientos vividos en las últimas semanas de mi vida.

–Tu hija, Vanessa, ha muerto –le respondí–. Ahora ya descansa en paz.

Guardó silencio durante un largo minuto. Supuse, aunque no la pude escuchar, que debía estar llorando, asimilando su desolación y su desdicha.

–¿La llegaste a ver? –me preguntó con voz entrecortada.

–Sí, vi su cadáver. Cuando la encontré ya estaba muerta. Su asesino lo estuvo poco después, si te sirve de consuelo. Le hice sufrir más de lo que puedes llegar a imaginar.

–No me consuela, pero me alegro de que fuese así.

–Estoy seguro de que tú misma no le hubieras causado más dolor del que le hice yo ¿Quieres saber quién era? –le pregunté.

–No, prefiero no tener un nombre que recordar o que aparezca cada dos por tres en mis pesadillas. No quiero saber cómo era, ni quién. No me importa en absoluto.

–Tienes razón, es mejor así.

–¿Crees que mi hija Vanessa sufrió? –me preguntó.

–No lo sé. Te mentiría si te dijese lo contrario. El asesino había acabado con otras doce chicas, todas jóvenes como Vanessa. La inundación se llevó los cuerpos. Tal vez, cuando se normalice un poco la vida en Nueva Orleans, podremos buscarla y darle sepultura.

–Dicen que hay miles de víctimas. Los cadáveres están por todas las calles de la ciudad y los vivos luchan por sobrevivir como pueden. Me temo que va a costar bastante poner las cosas en el sitio que estaban antes del desastre.

–Aún ciego, te prometo ayudar en todo lo que esté en mi mano.

–Ya has hecho bastante. Por buscar a mi hija has perdido a tus amigos, tu salud y no sé cuantas cosas más.

–No puedo perder lo que nunca tuve. Aunque desde el principio hubiera sabido lo que iba a ocurrir, habría actuado exactamente igual. Nunca dejo sin acabar un trabajo empezado. Ya sabes, que he de devolver el dinero si el caso no se resuelve de una manera u otra –ironicé.

–Este parece que lo has resuelto –Moira se quedó de nuevo en silencio, esperando.

–Sí, aunque no de la manera que hubiera deseado. Pero podemos darlo por finalizado –le dije pasados unos segundos.

–Entonces solo queda pagarte los gastos y los honorarios –dijo, y escuché el sonido del bolso que llevaba con ella al abrirse.

–No me debes nada –le interrumpí–. Como te he dicho, acabó por convertirse en algo personal. Además, no tengo pruebas de lo que te he contado. Podría estar mintiéndote. No suelo trabajar así, de una manera tan poco profesional.

De nuevo se instaló entre nosotros un silencio que parecía envolvernos como una manta de seda.

Al poco me volvió a hablar.

–Ya no queda nada entonces que me retenga aquí, ¿verdad? –me dijo, mientras la oía levantarse.

–Creo que no –le respondí.

–Me alegro de haberte conocido –se despidió.

–Yo también –le correspondí–. Lamento que haya acabado así. Lo siento de corazón.

–Lo sé –me dijo.

Escuché sus pasos dirigirse hacia la puerta y cómo esta se abría, para volver a cerrarse poco después. Estaba ciego, a mis ojos heridos se les había negado el placer de la contemplación, de volver a ver el cielo y el curso del río, era muy probable que nunca volviera a ver la luz del día, ni la sonrisa de un niño, pero el resto de mis sentidos funcionaban mejor que antes. Pude oler su perfume con toda la intensidad, incluso creí escuchar los latidos del corazón de Moira diciéndome sin palabras que seguía allí, en la habitación, que no había podido marcharse, porque tal vez, al igual que a mí, allí había algo que la retenía, algo que empezaba a importarle más de lo que creía y quizá más de lo que hubiera deseado.

PRÓLOGO DE LA EDICIÓN DE DOLMEN

DESDE EL MISISIPI HASTA DOLMEN

Por nuestra línea han pasado ya todo tipo de zombis: Romerianos unos, otros con capacidad de razonar y sentir, zombis que solo salen por la noche e incluso algunos nacidos de experimentos genéticos practicados sobre los muertos. Pero si algo nos faltaba en la Línea Z era el zombi proveniente del vudú, la religión de los esclavos. Ese muerto resucitado mediante magia negra para trabajar bajo las órdenes de los crueles Bokos. Sin escrúpulos, sin alma, sin voluntad.

José Miguel Cuesta tiene muchos libros ya a sus espaldas, e incluso ha sido finalista del premio Planeta. Es por eso que cuando no presentó su novela «El susurro de las flores marchitas» no dudamos que nos encontraríamos ante algo grande, y así ha sido. Este autor valenciano ha pergeñado una historia plagada de acción a raudales, de asesinatos, de investigación, de magia. Donde la ciudad bañada por el Misisipi, la cuna del Jazz: Nueva Orleans, es una protagonista más de la novela. Una ciudad donde el peligro aguarda en cualquiera de sus oscuros y sucios callejones, una urbe profundamente religiosa y festiva al mismo tiempo, donde

Loas, Bokos, brujas míticas o zombis campan a sus anchas. Donde la magia es real y se convive con ella.

Es allí donde nuestro autor nos presenta a este detective de lo paranormal, legítimo hijo de las tragedias griegas: Aureo Kavanac, malhablado, tosco y borracho por devoción y, por si fuera poco, encargado de resolver un misterioso caso: ¿Qué está sucediendo en Nueva Orleans con esas bellas jóvenes que están desapareciendo de la ciudad?

Tendrá que averiguarlo pronto, porque la ciudad está a punto de cambiar para siempre.

Pasen y lean. Ah, y no olviden mirar esta noche sus almohadas, podrían encontrar alguna pluma de gallina, y no sería bueno eso, no.

Juan De Dios Garduño

Julio, 2011

NOTA BIOGRÁFICA AUTOR

José Miguel Cuesta Puertes ha publicado obras de géneros dispares; desde la novela histórica, pasando por la fantasía heroica, relatos juveniles, novelas de terror o de género negro. Sin embargo, todas sus obras tienen un nexo común que las une bajo una marca personal: la historia, lo sobrenatural, la filosofía hermética.

El Loto tras el Muro (Edebé 2005); *El Octavo Jinete*, 1° Premio Domingo Santos 2005; *La Ciudad de las Puertas de Oro* (Timunmas 2006); *El Durmiente* (Edebé, 2007), finalista premio Torrevieja 2006; *Sol de Misterio* (Equipo Sirius, 2008), finalista premio Planeta 2007; *El Tao de la Carretera* (Corona Borealis 2008); *El Emperador del Sol de Medianoche* (Corona Borealis 2009); *El Nombre Sagrado*, 1° Premio Ciudad de Dueñas (Ediciones Simancas 2009); *Necroeroticón* (Ajec 2010); *El Susurro de las Flores Marchitas* (Dolmen 2011); *El Martillo del Fin del Mundo* (Ajec 2012); *La Torre del Silencio* (Neverland 2012); *Usurpador de Almas* (Saco de Huesos 2016); *Caminarás entre Tinieblas* (Saco de Huesos 2018); *Gabriel* (Editorial Dagón 2020); *Cuentos de Magia y Misterio* (Editorial Dagón 2020); *El Tapiz Eterno* (Editorial Dagón 2022); *Los Señores del Fuego, El Panteón* y *El Mundo Invisible* (Editorial Dagón 2023), *El Valle del Destino Oscuro* (Editorial Dagón 2024), etc.

ÍNDICE

EDITORIAL
DAGÓN